HET ULTIEME BRIOCHE HANDBOEK

Beheers de kunst van het elke keer perfecte brioche bakken

Roan Vermeulen

Auteursrechtelijk materiaal ©2024

Alle rechten voorbehouden

Geen enkel deel van dit boek mag in welke vorm of op welke manier dan ook worden gebruikt of overgedragen zonder de juiste schriftelijke toestemming van de uitgever en eigenaar van het auteursrecht, met uitzondering van korte citaten die in een recensie worden gebruikt. Dit boek mag niet worden beschouwd als vervanging voor medisch, juridisch of ander professioneel advies.

INHOUDSOPGAVE

INHOUDSOPGAVE **3**
INVOERING **6**
KLASSIEKE BRIOCHE... **7**
   1. Gevlochten brioche 8
   2. Zuurdesembrioche _ 10
   3. Miniatuurbriochebroodjes..12
CHOCOLADEBRIOCHE **15**
   4. Cacaobrioche ochtendbroodjes 16
   5. Klassieke chocoladebrioche..20
   6. Chocoladebrioche Babka 23
   7. Dubbel chocoladebriochebrood 26
   8. Glutenvrije brioche met chocolade 29
   9. Chocoladebrioche Chinois...32
GEKRUIDE BRIOCHE **35**
   10. Vanillebrioche 36
   11. Kaneelbrioche 39
   12. Brioche met chilipeper..42
   13. Gekruide brioche met duindoornwrongel 45
   14. Gekruide Brioche Hot Cross-broodjes 47
   15. Chai gekruid briochebrood 50
   16. Suiker- en kruidenbrioche 53
   17. Kurkuma gekruide briochebroodjes...........................56
   18. Kaneelsuiker Swirl Brioche..59
   19. Nootmuskaat-rozijnenbriochebroodjes 61
   20. Kardemom Sinaasappel Twist Brioche......................63
   21. Peperkoekbriochebrood 65
   22. Pumpkin Spice Brioche-knopen 67
   23. Chai gekruide briochewervelingen 69
   24. Brioche-muffins met appelcider 71
   25. Vanille Kardemom Brioche Krans 73
REGIONALE BRIOCHE **75**
   26. Klassieke Franse brioche...76
   27. Een merican brioche..79
   28. Zwitserse brioche met chocoladestukjes 81
   29. Provençaalse Citroen-Lavendelbrioche.....................84
   30. Zuidelijke Kaneel-Pecan Brioche................................87
   31. Scandinavische kardemom-sinaasappelbrioche 90
   32. Elzasser Kugelhopf Brioche...93
   33. Provençaalse Fougasse Brioche 95
   34. Zweedse Saffraanbrioche Lussekatter 97
   35. Italiaanse panettonebrioche 99

36. Japanse Matcha-meloenpanbrioche 101
37. Marokkaanse Oranjebloesembrioche 103
38. Indiase kardemom- en saffraanbrioche 105
39. Mexicaanse kaneel-chocoladebrioche 107

FRUITBRIOCHE 109
40. Fruit- en notenbrioche 110
41. Brioche Custardbroodjes met Stoned Fruit en Basilicum 112
42. Briochebroodjes met chocolade-passievrucht 115
43. Brioche-krans van gekonfijt fruit en walnoten 118
44. Bosbessen-citroenbrioche 121
45. Frambozen-amandelbriochebroodjes 123
46. Perzik Vanille Brioche Twist 125
47. Aardbei Roomkaas Brioche Vlecht 127
48. Brioche-swirls met kersen-amandel 129
49. Mango Kokos Brioche Rolletjes 131
50. Brioche met bramen-citroen-cheesecake 133
51. Citrus Kiwi Brioche-krans 135

VEGGIE BRIOCHE 137
52. Brioches de pommes de terre 138
53. Met spinazie en feta gevulde briochebroodjes 140
54. Geroosterde Briochetaart met Rode Paprika en Geitenkaas 142
55. Briochevlecht met champignons en Zwitserse kaas 144
56. Courgette en Parmezaanse Brioche Focaccia 146
57. Briochebroodjes met zongedroogde tomaten en basilicum 148
58. Broccoli en Cheddar gevulde briochebroodjes 150
59. Gekarameliseerde ui en Gruyère-briochetaart 152
60. Artisjok en Pesto Brioche Pinwheels 154

KAASKE BRIOCHE 156
61. Kaasbrioche 157
62. Kaas-peerbrioche 159
63. Brioche van zongedroogde tomaten en mozzarella 161
64. Parmezaanse kaas en knoflookbriocheknopen 163
65. Bacon en Cheddar gevulde brioche 165
66. Jalapeño en Pepper Jack Brioche Rolls 167
67. Gouda en Kruidenbrioche 169
68. Brioche van blauwe kaas en walnoten 171

NOOTACHTIGE BRIOCHE 173
69. Zoete brioche met rozijnen en amandel 174
70. Nootachtige pecannoten-karamelbrioche 177
71. Briochebroodjes met amandel en honing 179
72. Walnoot- en ahornsiroopbriocheknopen 181
73. Hazelnoot Chocoladeschilfer Brioche Swirls 183
74. Brioche met cashewnoten en sinaasappelschil 185

- 75. Briocheknopen met pistache en frambozenjam 187
- 76. Macadamianoot en Kokosbrioche Swirls 189
- 77. Hazelnoot en Espresso Glazuur Brioche 191

BLOEMENBRIOCHE 193
- 78. Lavendel maïsmeel brioche 194
- 79. Lavendelhoningbrioche.. 196
- 80. Briocheknopen van rozenblaadjes en kardemom 198
- 81. Oranjebloesem en pistachebriochewervelingen 200
- 82. Brioche van kamille en citroenschil 202
- 83. Jasmijnthee en perzikbriochebroodjes 204
- 84. Hibiscus en bessenbriocheknopen 206
- 85. Violette en citroenbriochewervelingen 208
- 86. Brioche van vlierbloesem en bosbessen 210

CHALLAH BRIOCHE 212
- 87. Broodmachine Challah 213
- 88. Mayonaise Challah... 215
- 89. Zes-gevlochten Challah 217
- 90. Olievrije Challah 220
- 91. Rozijn Challah 222
- 92. Zachte Challa... 224
- 93. Zuurdesem Challah.. 227
- 94. Challah van het nieuwe jaar 230
- 95. Gevulde Challah 234
- 96. Lieve Challa 236
- 97. Zeer boterachtige Challah 239
- 98. Water Challah.. 241
- 99. Chocoladewerveling Challah 243
- 100. Hartige kruiden- en kaaschallah 245

CONCLUSIE 247

INVOERING

Ga op reis naar de verrukkelijke wereld van brioche met 'HET ULTIEME BRIOCHE HANDBOEK', uw uitgebreide gids om de kunst van het elke keer weer perfecte brioche bakken onder de knie te krijgen. Dit kookboek is een eerbetoon aan de rijke, boterachtige en zachte lekkernijen die dit iconische Franse gebakje kenmerken. Met vakkundig vervaardigde recepten en stapsgewijze begeleiding is het tijd om uw bakvaardigheden naar een hoger niveau te tillen en te genieten van het plezier van het maken van hemelse brioches in uw eigen keuken.

Stel je voor dat de geur van versgebakken brioche je huis vult, waarbij de gouden korst plaats maakt voor een zacht en luchtig interieur. "HET ULTIEME BRIOCHE HANDBOEK" is meer dan alleen een verzameling recepten; het is jouw ticket om een brioche-liefhebber te worden, de technieken onder de knie te krijgen en de nuances van dit klassieke gebakje te begrijpen. Of u nu een doorgewinterde bakker bent of een beginneling in de keuken, deze recepten zijn zorgvuldig ontworpen om u te begeleiden op een heerlijke reis door de wereld van brioche.

Van traditionele briochebroden tot innovatieve wendingen en heerlijke variaties: elk recept is een bewijs van de veelzijdigheid en verwennerij die brioche biedt. Of u nu droomt van een ontspannen weekendontbijt, een elegante brunch of een heerlijke afternoon tea, dit handboek heeft de oplossing voor u.

Ga met ons mee terwijl we de kunst van het brioche bakken ontraadselen, de wetenschap achter het perfecte rijzen onderzoeken, de magie van het lamineren van boter in het deeg en het plezier van het creëren van een gebakje dat zowel een culinair wonder is als een bewijs van jouw bakkunsten. Verwarm dus je ovens voor, stof je deegrollers af en laten we een duik nemen in "Het ultieme briochehandboek" voor een reis vol bakperfectie en pure verwennerij.

KLASSIEKE BRIOCHE

1. Gevlochten brioche

INGREDIËNTEN:
- ⅓ kopje water
- 2 grote eieren
- 2 grote eidooiers
- ¼ pond Boter of margarine
- 2½ kopje bloem voor alle doeleinden
- 3 eetlepels suiker
- ½ theelepel zout
- 1 pakje Actieve droge gist

INSTRUCTIES:
a) Voeg de ingrediënten toe aan de pan van de broodmachine volgens de aanwijzingen van de fabrikant.
b) Selecteer het zoete of deegprogramma. 3. Schraap het deeg aan het einde van de cyclus op een plank die licht is bedekt met bloem. Verdeel het deeg in 3 gelijke stukken. Als u een brood van 1½ pond maakt, rolt u elk stuk op tot een touw van ongeveer 30 cm lang.
c) Voor een brood van 2 pond rolt u elk stuk op tot een touw van ongeveer 14 inch lang. Leg de touwen parallel ongeveer 2,5 cm uit elkaar op een beboterde bakplaat van 14 x 17 inch.
d) Knijp de touwen aan één uiteinde samen, vlecht losjes en knijp vervolgens het uiteinde van het vlechtwerk samen.
e) Bedek het brood lichtjes met plasticfolie en laat het op een warme plaats staan tot het opgezwollen is, ongeveer 35 minuten. Verwijder de plasticfolie.
f) Klop 1 groot eigeel los en vermeng het met 1 eetlepel water. Bestrijk de vlecht met eimengsel.
g) Bak de vlecht in een oven van 350 F tot ze goudbruin is, ongeveer 30 minuten. Laat minimaal 15 minuten afkoelen op een rooster voordat u het gaat snijden. Serveer warm, warm of koel.

2.Zuurdesembrioche

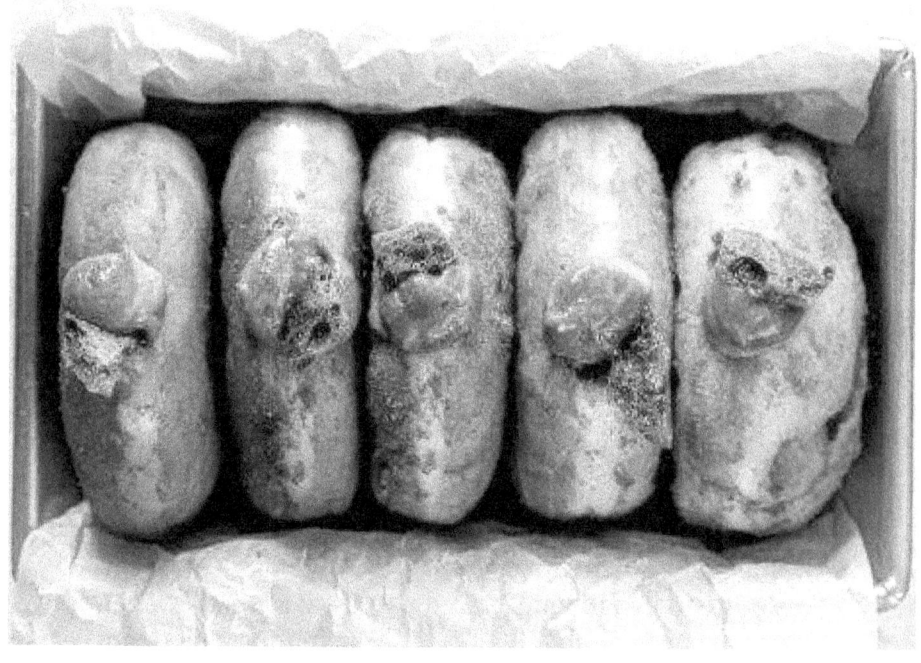

INGREDIËNTEN:
- 3½ oz. (100 g) tarwezuurdesemstarter
- 3½ kopjes (450 g) tarwemeel
- ⅔ kopje (75 ml) melk, kamertemperatuur 5¼ theelepels (15 g) verse gist
- 5 eieren
- ⅔ kopje (75 g) suiker
- 1½ eetlepel (25 g) zout
- 1½ kop (350 g) ongezouten boter, zacht
- 1 ei om te bestrijken

INSTRUCTIES:
a) Meng het zuurdesem met de helft van het tarwemeel, de melk en de gist. Laat het mengsel ongeveer 2 uur rijzen.

b) Voeg alle ingrediënten toe, behalve de boter, en meng goed. Voeg vervolgens de boter beetje bij beetje toe, ongeveer ¼ kopje (50 g) per keer. Goed kneden.

c) Dek af met een doek en laat het deeg ongeveer 30 minuten rijzen.

d) Vorm er twintig kleine, gladde broodjes van. Doe ze in cupcakevormpjes en laat rijzen tot ze in volume verdubbeld zijn. Bestrijk de broodjes met het ei.

e) Bak de brioche op 210°C gedurende ongeveer 10 minuten.

3. Miniatuurbriochebroodjes

INGREDIËNTEN:
BEGINNER:
- 1 kopje (140 g) glutenvrij broodmeel
- 2⅔ theelepels (8 g) Instantgist
- 1 eetlepel (12 g) suiker
- ½ kopje melk, gebroeid en afgekoeld tot 95°F
- ¼ kopje plus 2 eetlepels warm water (ongeveer 95 ° F)

DEEG:
- 3 kopjes (420 g) glutenvrij broodmeel
- 1 theelepel (6 g) koosjer zout
- 1½ eetlepel honing
- 3 grote eieren, op kamertemperatuur, losgeklopt
- 11 eetlepels (154 g) ongezouten boter, op kamertemperatuur
- Eierwas (1 groot ei, op kamertemperatuur, opgeklopt met 1 eetlepel melk)

INSTRUCTIES:
VOOR HET BEGINSEL:
a) Klop de starteringrediënten in een middelgrote kom tot ze goed gemengd zijn. Het mengsel zal dik en vormloos zijn.
b) Dek de kom af en zet hem op een warme, tochtvrije plek opzij om te rijzen tot het volume verdubbeld is, wat ongeveer 40 minuten duurt.
c) Voor het deeg:
d) Zodra het voorgerecht in volume is verdubbeld, maak je het deeg. Doe de bloem en het zout in de kom van je keukenmixer en klop goed door elkaar.
e) Voeg de honing, eieren, boter en het gerezen starter toe aan de kom. Meng op lage snelheid met de deeghaak tot een geheel.
f) Verhoog de mixersnelheid naar medium en kneed ongeveer 5 minuten. Het deeg zal plakkerig zijn, maar moet glad en rekbaar zijn.
g) Spuit een siliconen spatel lichtjes in met bakoliespray en schraap de zijkanten van de kom schoon.
h) Doe het deeg in een licht geoliede kom of rijsemmer die groot genoeg is om het deeg in volume te laten verdubbelen. Bedek het met een geolied stuk plasticfolie (of de geoliede bovenkant van uw rijsemmer).

i) Plaats het deeg minimaal 12 uur en maximaal 5 dagen in de koelkast.

OP BAKDAG:

j) Vet zestien miniatuurbriochevormpjes of standaard muffinvormpjes goed in en zet ze opzij op een omrande bakplaat.

k) Leg het deeg op een licht met bloem bestoven oppervlak en kneed het tot het gladder is.

l) Verdeel het deeg in zestien gelijke stukken door het geleidelijk te halveren. Vorm elk stuk in een ronde vorm, waarbij het ene stuk iets kleiner is dan het andere. Plaats de kleinere ronde bovenop de grotere in elke vorm en druk lichtjes om ze te laten hechten.

m) Bedek de vormpjes op de bakplaat met geolied plasticfolie en zet ze op een warme, tochtvrije plek om te rijzen tot ze in volume verdubbeld zijn (ongeveer 1 uur).

n) Verwarm uw oven voor op 350 ° F, ongeveer 25 minuten voordat het deeg klaar is met rijzen.

o) Zodra de broodjes in omvang zijn verdubbeld, verwijdert u de plasticfolie, bestrijkt u de bovenkant royaal met eierwas en plaatst u de bakplaat in het midden van de voorverwarmde oven.

p) Bak de broodjes ongeveer 15 minuten, of tot ze licht goudbruin zijn, en registreer 185 ° F in het midden op een direct afleesbare thermometer.

q) Laat de broodjes kort afkoelen voordat u ze serveert. Geniet van uw miniatuurbriochebroodjes!

CHOCOLADEBRIOCHE

4. Cacaobrioche ochtendbroodjes

INGREDIËNTEN:
VOORGIST
- 1⅓ kopjes (160 g) bloem voor alle doeleinden
- 1¼ kopjes volle melk
- 1 eetl. instant gist

DEEG
- 1 groot ei
- 1¾ kopjes volle melk
- 1 eetl. instant gist
- ⅔ kopje (133 g) kristalsuiker
- ½ kopje (42 g) ongezoet cacaopoeder
- 1 eetl. plus 1 theelepel. koosjer zout
- 5½ kopjes (687 g) bloem voor alle doeleinden, plus meer voor het oppervlak
- 2 eetlepels. ongezouten boter, kamertemperatuur, plus 2¼ kopjes (4¼ stokjes) ongezouten boter, koel maar niet koud

VULLEN EN MONTEREN
- Ongezouten boter, kamertemperatuur, voor pan
- Ruwe suiker, voor pan
- ⅓ kopje (verpakt, 66 g) donkerbruine suiker
- 1 eetl. gemalen kaneel
- 1 theelepel. koosjer zout
- ⅓ kopje (66 g) kristalsuiker, plus meer om te roeren
- 3 ons. pure chocolade, in kleine stukjes gebroken
- 1 groot ei

INSTRUCTIES:
VOORGIST
a) Meng bloem, melk en gist in de kom van een keukenmixer tot alles gemengd is (het mengsel zal dun zijn, zoals een beslag). Laat onbedekt op een warme plek rijzen tot het in omvang is verdubbeld, ongeveer 1 uur.

DEEG
b) Voeg het ei, de melk en de gist toe om het voor te laten gisten en bevestig het aan de keukenmixer. Bevestig met de deeghaak en klop op lage snelheid tot alles gemengd is.
c) Voeg kristalsuiker, cacaopoeder, zout, 5½ kopjes (687 g) bloem voor alle doeleinden en 2 eetlepels toe. boter op

kamertemperatuur; meng op lage snelheid tot er een glad deeg ontstaat. Doe het deeg in een grote kom, dek af met een vochtige theedoek en laat het op een warme plek rijzen tot het in volume verdubbeld is, ongeveer 1 uur.

d) Meng ondertussen 2¼ kopjes (4¼ stokjes) koele boter in de schone kom van een keukenmixer met paddle-opzetstuk op lage snelheid tot een gladde en smeerbare maar nog steeds koele boter. Leg het op een vel bakpapier en vorm de boter met een offset spatel tot een kleine rechthoek. Bedek met nog een vel bakpapier en rol de boter uit tot een rechthoek van 16 x 12 inch. Laat de boter afkoelen tot het deeg klaar is (je wilt de boter koel maar kneedbaar houden; laat hem niet te stevig worden).

e) Leg het deeg op een royaal met bloem bestoven werkoppervlak en rol het uit tot een rechthoek van 24x12 "; plaats het met de korte zijde naar u toe. Ontdek de boter en plaats deze op het deeg, lijn het uit langs de rand en bedek de onderste tweederde van het deeg.

f) Vouw het bovenste derde deel van het deeg omhoog en over de boter, en vouw het onderste derde deel vervolgens naar boven en om (zoals een brief). Rol het deeg snel maar voorzichtig opnieuw uit tot een rechthoek van 24 x 12 inch, bebloem het werkoppervlak en de deegroller indien nodig om plakken te voorkomen. (Als het deeg op enig moment te plakkerig wordt om te hanteren of de boter begint te smelten, laat het dan 20 minuten in de koelkast afkoelen. en laat het opstijven voordat u verdergaat.)

g) Vouw het deeg opnieuw in drieën, wikkel het in vetvrij papier of plastic en laat het 1 uur afkoelen.

h) Haal het deeg uit de koelkast en herhaal het rollen en vouwen zoals hierboven, nog een keer. Snijd het gevouwen deeg in 3 gelijke rechthoeken en wikkel elk stuk stevig in plastic. Koel tot klaar voor gebruik.

i) Doe het van tevoren: Het deeg kan 1 dag van tevoren worden gemaakt. Gekoeld bewaren of maximaal 2 maanden invriezen.

VULLEN EN MONTEREN

j) Als je klaar bent om broodjes te bakken, bestrijk dan royaal de kopjes van een jumbo-muffinvorm met 6 kopjes; bestrooi elke kop royaal met ruwe suiker. Meng bruine suiker, kaneel, zout en ⅓ kopje (66 g) kristalsuiker in een kleine kom.

k) Werk met 1 stuk deeg, pak het uit en rol het uit tot een rechthoek van 12x6 "ongeveer ¾" dik. Snijd in zes rechthoeken van 6x2 ". Begin ¼" vanaf de bovenkant van een korte zijde en snijd 2 lengtespleten in een rechthoek deeg om 3 gelijke strengen te creëren. Vlecht strengen en bestrooi rijkelijk met het bruine suikermengsel. Leg 2 of 3 kleine stukjes chocolade op de vlecht en spoel en stapel ze op zichzelf. Plaats het broodje met de vlecht naar boven in de voorbereide muffinvorm. Herhaal met de resterende 5 rechthoeken. Je wilt een derde van het bruine suikermengsel en een derde van de chocolade gebruiken, waarbij je het resterende bruine suikermengsel en de chocolade bewaart voor de resterende 2 stukken deeg.

l) Verwarm de oven voor op 375 °. Dek de broodjes losjes af met een theedoek of plasticfolie en laat ze rijzen tot ze iets minder dan verdubbeld zijn, ongeveer 30 minuten. (Als alternatief kunt u de broodjes een nacht in de koelkast laten rijzen en 's morgens bakken. Als de broodjes in de koelkast niet merkbaar zijn gerezen, laat ze dan 30-60 minuten op kamertemperatuur staan voordat u ze gaat bakken.)

m) Klop het ei en 2 theelepels. water in een kleine kom. Bestrijk de bovenkanten van de broodjes met eierwas en bak tot de bovenkanten gepoft zijn en een knapperige buitenlaag hebben ontwikkeld, ongeveer 35 minuten. (Ongevormde broodjes moeten enigszins hol klinken als je erop tikt.) Laat 2 minuten in de pan afkoelen, til ze dan voorzichtig uit de pan en leg ze op een rooster. Laat zitten totdat de broodjes koel genoeg zijn om te hanteren.

n) Doe wat kristalsuiker in een middelgrote kom. Werk één voor één, gooi de broodjes in de suiker en keer terug naar het rek. Laat volledig afkoelen.

o) Herhaal dit met de resterende stukken deeg, of bewaar het resterende kaneelmengsel en de chocoladestukjes apart in luchtdichte bakjes op kamertemperatuur tot u klaar bent om het resterende deeg te bakken.

5.Klassieke chocoladebrioche

INGREDIËNTEN:
VOOR HET BRIOCHE DEEG:
- 2 3/4 kopjes (330 g) bloem voor alle doeleinden
- 1 1/2 theelepels (4 g) instantgist
- 3 eetlepels (29 g) kristalsuiker
- 1 1/4 (7 g) theelepel zout
- 4 grote eieren (200 g), lichtgeklopt op kamertemperatuur
- 1/4 kop (57 g) volle melk, op kamertemperatuur
- 10 eetlepels (140 g) ongezouten boter, op kamertemperatuur
- Eieren wassen

VOOR DE CHOCOLADEVULLING:
- 4 oz (113 g) ongezouten boter, op kamertemperatuur
- 1/4 kop (50 g) kristalsuiker
- 1/3 kop (40 g) cacaopoeder
- 1 eetlepel (21 g) honing
- 1/4 theelepel (1,4 g) zout

INSTRUCTIES:
VOOR DE BRIOCHE:
a) Meng bloem, gist, suiker en zout in de kom van een keukenmixer. Voeg eieren en melk toe. Meng op gemiddelde snelheid gedurende 5 minuten.
b) Schraap de zijkanten naar beneden, voeg bloem toe als het plakkerig is en blijf mixen. Herhaal dit proces nog twee keer.
c) Voeg met de mixer op lage stand de helft van de boter toe en meng. Schrap het geheel en voeg de resterende boter toe. Meng tot het elastisch en glanzend is.
d) Doe het deeg in een met bloem bestoven kom, dek af en laat het 1-2 uur rijzen. Pers de gassen eruit en laat het een nacht in de koelkast staan.

VOOR DE CHOCOLADEVULLING:
e) Klop met een mixer de zachte boter romig. Voeg suiker toe en klop tot een luchtig mengsel. Meng cacaopoeder, honing en zout tot het is opgenomen.

VERZAMELEN:
f) Verdeel het deeg in vier stukken. Rol een stuk uit tot een rechthoek van 7 x 12 inch.

g) Verdeel een kwart van de vulling, laat een rand van 1/2 inch vrij. Rol stevig op tot een blok. Herhaal met andere stukken.
h) Bevries logboeken gedurende 5 minuten. Snijd ze in de lengte doormidden, laat de bovenkant ongesneden. Vlecht het deeg.
i) Bestrijk met water, vorm een cirkel en knijp de uiteinden samen. Herhaal met het resterende deeg.
j) Proof gedurende 1 uur. Verwarm de oven voor op 177°C.
k) Bestrijk met eierwas en bak tot ze goudbruin zijn, 20-25 minuten.

6. Chocoladebrioche Babka

INGREDIËNTEN:
DEEG:
- 4 1/4 kopjes (530 gram) bloem voor alle doeleinden, plus extra voor bestuiven
- 1/2 kop (100 gram) kristalsuiker
- 2 theelepels instantgist
- Geraspte schil van een halve sinaasappel
- 3 grote eieren (lichtgeklopt)
- 1/2 kopje water (koud, en extra indien nodig)
- 3/4 theelepel fijn zee- of keukenzout
- 2/3 kop ongezouten boter (150 gram of 5,3 ounces), op kamertemperatuur
- Zonnebloemolie of andere neutrale olie, voor het invetten van de kom

VULLING:
- 4 1/2 ounces (130 gram) goede pure chocolade (of ongeveer 3/4 kop pure chocoladestukjes)
- 1/2 kop (120 gram) ongezouten boter
- Weinig 1/2 kop (50 gram) poedersuiker
- 1/3 kop (30 gram) cacaopoeder
- Snufje zout
- 1/4 theelepel kaneel (optioneel)

STROOP VOOR GLAZEN:
- 1/4 kopje water
- 4 eetlepels kristalsuiker

INSTRUCTIES:
MAAK HET DEEG:
a) Meng bloem, suiker en gist in de kom van je keukenmixer.
b) Voeg eieren, 1/2 kopje water en sinaasappelschil toe. Meng met de deeghaak totdat het samenkomt. Voeg indien nodig extra water toe.
c) Voeg met de mixer op lage stand zout toe en vervolgens geleidelijk de boter. Meng op gemiddelde snelheid gedurende 10 minuten tot een gladde massa.
d) Bestrijk een grote kom met olie, plaats het deeg erin, dek af met plasticfolie en zet het minimaal een halve dag in de koelkast, bij voorkeur een hele nacht.

MAAK DE VULLING:
e) Smelt boter en chocolade samen tot een gladde massa. Roer indien gewenst poedersuiker, cacaopoeder, zout en kaneel erdoor.
f) Zet opzij om af te koelen.

ASSEMBLEER BRODEN:
g) Rol de helft van het deeg uit op een licht met bloem bestoven aanrecht tot een breedte van 10 inch.
h) Verdeel de helft van het chocolademengsel over het deeg en laat een rand van 1/2 inch vrij. Rol het deeg uit tot een blok en sluit het vochtige uiteinde af.
i) Herhaal het proces met de andere helft van het deeg.
j) Snijd de uiteinden af, snijd elke boomstam in de lengte doormidden en leg ze naast elkaar op het aanrecht. Draai ze samen.
k) Breng elke draai over in voorbereide broodpannen. Dek af en laat 1 tot 1 1/2 uur rijzen bij kamertemperatuur.

BAK EN MAAK DE BROODJES AF:
l) Verwarm de oven voor op 190°C. Bak gedurende 25-30 minuten en controleer op gaarheid.
m) Maak de eenvoudige siroop door suiker en water te laten koken tot het is opgelost. Bestrijk de babka's met de siroop zodra ze de oven verlaten.
n) Laat halverwege afkoelen in de pan en breng het vervolgens over naar een koelrek om het afkoelen te voltooien.
o) Babka's zijn een paar dagen houdbaar bij kamertemperatuur of kunnen worden ingevroren voor langere opslag.

7.Dubbel chocoladebriochebrood

INGREDIËNTEN:
CHOCOLADEBRIOCHE DEEG:
- 2 1/2 kopjes bloem voor alle doeleinden
- 1/3 kopje ongezoet cacaopoeder
- 1/4 kop kristalsuiker
- 2 1/4 theelepel actieve gist (1 pakje)
- 1 theelepel zout
- 3/4 kopje volle melk
- 1 groot ei
- 4 eetlepels boter

CHOCOLADEVULLING:
- 4 eetlepels boter, kamertemperatuur
- 1/3 kopje bruine suiker, verpakt
- 1 eetlepel ongezoet cacaopoeder
- 1 theelepel espressopoeder
- 2 ons pure chocolade, fijngehakt

ANDER:
- 2 eetlepels boter, verzacht (voor bereiding van broodvormen)
- 1 eetlepel kristalsuiker (voor het bereiden van broodpannen)

INSTRUCTIES:
a) Meng in een grote kom 4 eetlepels boter en 3/4 kopje volle melk. Verwarm tot de boter volledig gesmolten is.
b) Laat de boter en de melk afkoelen tot 100-110 graden. Voeg 1/4 kopje kristalsuiker en 1 pakje actieve droge gist toe. Laat het ongeveer 10 minuten staan totdat de gist bruisend en schuimig is.
c) Klop 1 ei in de kom.
d) Zeef 2 1/2 kopjes bloem voor alle doeleinden, 1/3 kopje ongezoet cacaopoeder en 1 theelepel zout in de kom. Meng totdat er een deeg begint te vormen.
e) Leg het deeg op een met bloem bestoven oppervlak en kneed het ongeveer 5 minuten.
f) Doe het deeg in een grote, licht ingevette glazen kom. Dek het goed af met plasticfolie en laat het 60-90 minuten rusten, of tot het in omvang is verdubbeld.
g) Rol het deeg uit tot een grote rechthoek. Verdeel 4 eetlepels zachte boter over het hele oppervlak.

h) Meng in een klein gerecht 1/3 kopje bruine suiker, 1 eetlepel ongezoet cacaopoeder en 1 theelepel espressopoeder. Strooi het mengsel over het hele oppervlak en voeg vervolgens 60 gram fijngehakte pure chocolade toe.
i) Rol het deeg strak op als een kaneelbroodje en knijp de naad goed dicht. Leg het opgerolde deeg in de lengte, met de naad naar beneden.
j) Snijd het opgerolde deeg doormidden en vlecht het.
k) Bereid een broodvorm van 9 x 5 inch voor door de hele binnenkant te bedekken met 2 eetlepels zachte boter en besprenkel met 1 eetlepel kristalsuiker.
l) Breng het gevlochten brood over in de voorbereide pan en stop de uiteinden eronder. Dek af met plasticfolie en laat het 45 minuten rusten op een warme plaats.
m) Verwarm de oven voor op 350 graden. Zodra het deeg is gerezen, bak je het 25-28 minuten totdat de bovenkant hard en stevig aanvoelt.
n) Plaats de broodvorm gedurende 10 minuten in een koelrek en plaats het brood vervolgens rechtstreeks op het rooster om volledig af te koelen. Geniet van je dubbele chocoladebrioche!

8. Glutenvrije brioche met chocolade

INGREDIËNTEN:
ZOET DEEG:
- 1¾ kopjes (245 g) Kim's glutenvrije broodmeelmix
- ½ kopje (100 g) kristalsuiker
- 1 theelepel bakpoeder
- 1 eetlepel plus ¾ theelepel (12 g) instantgist
- 1 eetlepel (5 g) hele psylliumschillen (of 1½ theelepel psylliumschilpoeder)
- ½ theelepel koosjer zout
- ¾ kopje (180 ml) volle melk
- 6 eetlepels (85 g) boter, heel zacht of gesmolten
- 1 groot ei, op kamertemperatuur

BANKETBAKKERSROOM:
- ½ kopje (120 ml) volle melk
- ½ kopje (120 ml) slagroom
- 3 grote eidooiers
- ¼ kopje (50 g) kristalsuiker
- 2 eetlepels (15 g) maizena
- 1 theelepel vanille-extract, vanillebonenpasta, of 1 vanilleboon, zaadjes geschraapt
- 1 eetlepel boter, zacht

MONTAGE:
- 4 oz (113 g) halfzoete of pure chocolade, grof gehakt
- ¼-½ theelepel gemalen kaneel, optioneel

INSTRUCTIES:
MAAK DEEG:
a) Doe alle ingrediënten in een grote mengkom en klop of kneed gedurende 5 minuten tot alles goed gemengd is.
b) Laat het deeg rijzen tot het in volume verdubbeld is, 1-2 uur. Zet het deeg minimaal 6 uur, bij voorkeur een hele nacht, in de koelkast.

MAAK GEBAKCRÈME:
c) Verwarm volle melk en slagroom tot het kookt. Klop de eidooiers, suiker, maizena en vanille tot het dik en lintachtig is.
d) Giet langzaam een beetje van het melkmengsel bij het eigeelmengsel en klop krachtig. Voeg langzaam de rest van de melk toe.

e) Giet het mengsel terug in de pan en klop voortdurend tot het dikker wordt.
f) Haal van het vuur, klop de boter en vanille erdoor. Zet in de koelkast met plasticfolie die de crème aanraakt.

OM ROLLEN TE MONTEREN:
g) Kneed het deeg kort op een met bloem bestoven oppervlak tot het glad is.
h) Rol het uit tot een rechthoek van 10x14 inch van ongeveer ¼ inch dik.
i) Verdeel de afgekoelde banketbakkersroom over het deeg. Strooi gehakte chocolade en kaneel (indien gewenst).
j) Rol strak op, in jelly roll-stijl. Strek de boomstam vanuit het midden iets langer uit.
k) Snijd in 8 gelijke stukken. Als het te plakkerig is, vries het dan 10 minuten in.
l) Plaats de broodjes in een ovenschaal, dek af en laat rijzen tot het verdubbeld is, 30 minuten tot een uur.
m) Verwarm de oven voor op 350 ° F.
n) Verwijder de plasticfolie en bak ongeveer 30 minuten of tot ze goudbruin zijn.
o) Serveer warm. Geniet van je glutenvrije brioche au chocolat!

9. Chocoladebrioche Chinois

INGREDIËNTEN:
VOOR HET BRIOCHE DEEG:
- 375 g bloem
- 8 g zout
- 40 g suiker
- 15 g verse bakkersgist
- 4 hele eieren, op kamertemperatuur
- 190 g ongezouten boter, zacht
- 2 eetlepels water, warm

VOOR DE VULLING:
- 300 g vanillecrème patissière
- 3cl donkere rum
- 150 g pure chocoladestukjes

VOOR DE AFWERKING:
- 1 eidooier (voor glazuur)
- Poedersuiker

INSTRUCTIES:
BRIOCHE DEEG MAKEN:
a) Combineer bloem, suiker en zout in de ontvanger van de keukenmixer.
b) Verdun de gist in warm water en zet opzij.
c) Doe de eieren in het midden van de bloem en kneed met de deeghaak tot er een deeg ontstaat.
d) Voeg het resterende ei toe en kneed tot het deeg glad is.
e) Voeg zachte boter en verdunde gist toe en kneed tot een gladde massa.
f) Laat het deeg rijzen tot het in volume verdubbeld is (1,5 tot 2 uur).
g) Zet het deeg minimaal 6 uur, bij voorkeur een hele nacht, in de koelkast.

MAAK GEBAKCRÈME:
h) Verwarm volle melk en slagroom tot het kookt.
i) Klop de eierdooiers, suiker, maizena en vanille tot een dik mengsel.
j) Giet langzaam een beetje van het melkmengsel bij het eigeelmengsel en klop krachtig.

k) Giet het mengsel terug in de pan en klop voortdurend tot het dikker wordt.
l) Klop de boter en de vanille erdoor en zet het in de koelkast met plasticfolie, zodat het de room aanraakt.

MONTEER BRIOCHE:
m) Verdeel het deeg in twee porties, één van 200 gram en de andere van ongeveer 600 gram.
n) Rol het kleinere deel uit en bekleed de bodem van een rond cakeblik.
o) Rol het grootste deel uit tot een rechthoek en verdeel de banketbakkersroom en chocoladestukjes, en rol het vervolgens op.
p) Snij de rol in 7 gelijke porties en verdeel deze in de cakevorm.
q) Laat rijzen tot de rolletjes het blik vullen.
r) Glaceer het oppervlak met eierwas en bak ongeveer 25 minuten op 180°C.
s) Bestrooi met poedersuiker als het afgekoeld is.

GEKRUIDE BRIOCHE

10. Vanillebrioche

INGREDIËNTEN:
- 3 Enveloppen actieve droge gist
- ½ kopje warme melk (ongeveer 110 graden)
- 1 Vanilleboon, gespleten
- 5 kopjes bloem
- 6 eieren
- ½ kopje Warm water (110 graden)
- 3 eetlepels suiker
- 2 theelepels Zout
- 3 stokjes plus 2 eetlepels
- Boter, kamertemperatuur
- 1 Eigeel, losgeklopt

INSTRUCTIES:

a) Verwarm de oven voor op 400 graden F. Combineer de gist en melk in een kleine kom en roer om de gist op te lossen.

b) Voeg 1 kopje bloem toe en meng om goed te mengen. Schraap met een mes het vanillestokje af en roer het vruchtvlees door het gistmengsel.

c) Laat ongeveer 2 uur op kamertemperatuur op een warme, tochtvrije plaats staan, zodat de gisting mogelijk wordt.

d) Doe 2 kopjes bloem in een grote mengkom. Voeg 4 van de eieren één voor één toe en klop bij elke toevoeging goed door de bloem met een houten lepel. Het deeg zal plakkerig, dik en sponsachtig zijn.

e) Voeg het water, de suiker en het zout toe en meng goed, terwijl je krachtig klopt. Voeg 3 klontjes boter toe en kneed dit met je handen door het deeg tot het goed gemengd is. Voeg de overige 2 eieren toe en meng goed door het deeg. Voeg de resterende 2 kopjes bloem toe en meng het door het deeg, waarbij je eventuele klontjes met je vingers verbreekt. Voeg het gistmengsel toe.

f) Kneed de starter met je handen en vouw deze door het deeg. Ga door met kneden en vouwen tot alles goed gemengd is, ongeveer 5 minuten. Het deeg zal plakkerig en vochtig zijn. Dek af met een schone doek en laat op een warme, tochtvrije plaats rijzen tot het volume verdubbeld is, ongeveer 2 uur.

g) Om broden te maken, bebotert u twee broodpannen van 9x5x3 inch lichtjes met de resterende 2 eetlepels boter. Om broodjes te maken, bebotert u 12 muffinvormpjes van standaardformaat. Druk met je vingers het deeg lichtjes naar beneden. Verdeel het deeg in 2 gelijke porties en doe het in de bakvormen.

h) Voor broodjes: verdeel het deeg in 12 gelijke porties en plaats deze in de muffinvormpjes. Bestrijk de bovenkanten met eigeel. Dek af en laat op een warme, tochtvrije plaats rijzen tot het in volume verdubbeld is, ongeveer 1 uur.

i) Bak de broden gedurende 25 tot 30 minuten en de broodjes gedurende 20 minuten, of tot ze goudbruin zijn. Haal de pannen uit de oven en laat afkoelen op roosters. Draai de broden of broodjes uit de pannetjes en laat ze volledig afkoelen op het rooster.

11. Kaneelbrioche

INGREDIËNTEN:
- 1 pakje Droge gist
- 1 eetlepel suiker
- ¼ kopje warme melk
- 2 kopjes bloem
- 1 theelepel zout
- ¼ kopje Bevroren boter, in stukjes gesneden
- 2 eieren
- 2 eetlepels Gesmolten boter
- 2 eetlepels suiker gemengd met
- 2 theelepels Kaneel

INSTRUCTIES:

a) Strooi bijvoorbeeld rozijnen over de kaneelsuiker. Of bestrooi het uitgerolde deeg met chocoladestukjes, vouw het op dezelfde manier en je krijgt een lekkere pain au chocolat. Of besmeer het deeg met een soort fruitjam... je snapt het wel.

b) Combineer gist, suiker en melk in een kleine kom. Zet opzij ter bewijs.

c) Combineer bloem, zout en boter in de keukenmachine en pulseer om de boter fijn te snijden. Voeg het gistmengsel toe en pulseer opnieuw, voeg dan de eieren toe en verwerk totdat het deeg zich verzamelt in een bal die netjes loskomt van de zijkanten van de mengkom en rondrijdt op het mes. Verwerking 1 minuut. Leg de bal vervolgens op een licht met bloem bestoven bord en kneed 1-2 minuten tot een gladde massa.

d) Vorm het deeg tot een gladde bal en plaats deze in een licht geoliede kom, draai hem om zodat alle kanten van de bal bedekt zijn. Dek losjes af met plasticfolie. Zet opzij op een warme plaats om te rijzen tot het in volume verdubbeld is, ongeveer 1½ tot 2 uur.

e) U kunt de gekneede deegbal ook in een licht afgesloten plastic voedselzak doen en een nacht in de koelkast laten staan. Het deeg zal langzaam rijzen in een plastic voedselzak en hoeft alleen maar op kamertemperatuur te worden gebracht voordat het wordt uitgerold.

f) Wanneer het gerezen is, slaat u het deeg naar beneden en drukt u het plat tot een rechthoek. Op een licht met bloem bestoven bord uitrollen tot een dikte van ½ ". Als het deeg vierkant is, snijd het dan doormidden. Bestrijk het bovenoppervlak met gesmolten boter en bestrooi met kaneelsuiker. Vouw de lange zijde van de deegrechthoek ⅔ over het deeg.

g) Vouw de resterende ⅓ van het deeg om zoals in de brief. Bestrijk de bovenkant met boter en bestrooi opnieuw met kaneelsuiker. Snijd in stukken van 5 cm breed en breng ze over naar een niet-ingevette bakplaat. Laat opnieuw rijzen tot ze opgezwollen zijn, 15-20 minuten.

h) Bak op 350'F. 20-30 minuten, tot lichtbruin.

12. Brioche met chilipeper

INGREDIËNTEN:
- 3½ kopje bloem voor alle doeleinden
- 1 pakje Actieve droge gist
- ½ theelepel Gemalen gedroogde rode chili
- 1 eetlepel lauw water
- 1½ eetlepel suiker
- 1½ theelepel zout
- ½ theelepel Versgemalen zwarte peper
- ¼ kopje rode paprika; gemalen, gehakt, geroosterd en geschild, op kamertemperatuur
- ½ pond ongezouten, zachte boter; in kleine stukjes gesneden, plus
- 2 eetlepels Ongezouten, zachte boter
- ⅓ kopje Gehakt; geroosterde en vers gepelde poblano-pepers op kamertemperatuur
- 5 Eieren op kamertemperatuur
- 2 eetlepels Melk

INSTRUCTIES:
a) Meng in de kom van een elektrische mixer met een paddle-opzetstuk de bloem, suiker, gist, zout, gemalen chili en zwarte peper; goed verslaan. Meng kort op lage snelheid. Verhoog de snelheid naar medium en voeg water, melk, poblano chilipepers en paprika toe; goed verslaan.

b) Voeg de eieren één voor één toe en meng goed na elke toevoeging. Schakel over naar de deeghaak en kneed gedurende drie minuten.

c) Het deeg zal erg plakkerig zijn. Voeg de boter stuk voor stuk toe aan het deeg en blijf kneden tot het deeg glad en glanzend is en de boter volledig is opgenomen, 10-20 minuten. Doe het deeg in een licht beboterde kom en draai het deeg om, zodat het gelijkmatig met boter bedekt is.

d) Bedek de kom met plasticfolie en laat het deeg op een warme plaats rijzen tot het in volume is verdubbeld, ongeveer drie uur. Sla het deeg plat en leg het op een licht met bloem bestoven oppervlak.

e) Kneed met zwaar met bloem bestrooide handen gedurende vijf minuten. Keer terug naar een beboterde kom en draai het deeg om zodat het gelijkmatig bedekt is; dek het deeg af en laat het minimaal zes uur of een hele nacht in de koelkast staan.

f) Haal het deeg uit de koelkast en vorm het koude deeg in twee kleine broden.

g) Plaats het in twee beboterde broodpannen van 10 x 25 cm, dek af met een theedoek en laat het op een warme plaats rijzen totdat het deeg de broodpannen vult en niet terugveert als er zachtjes op wordt gedrukt, ongeveer een uur. Verwarm de oven voor op 375 graden.

h) Bak de broden in het midden van de oven tot ze goudbruin zijn en hol klinken als je erop klopt, ongeveer 30 minuten.

i) Haal de broden uit de oven en leg ze op roosters om af te koelen.

13. Gekruide brioche met duindoornwrongel

INGREDIËNTEN:
- 1/2 briochebrood
- 125 g kristalsuiker
- 25 g gemalen kardemom
- 20 g gemalen kaneel
- 5 g gemalen nootmuskaat
- 2 eetlepels koolzaadolie
- Wegedoornwrongel:
- 35 ml duindoornsap
- 185 g kristalsuiker
- 1 ei
- 55 g gezouten boter
- 10 g maïzena

INSTRUCTIES:
a) Steil duindoornsap met 100 g suiker gedurende 30 minuten.
b) Combineer het wegedoornmengsel in een koude pan met de overige ingrediënten en klop op middelhoog vuur gedurende 6 minuten.
c) Haal van het vuur, klop nog een minuut.
d) Zorg ervoor dat de temperatuur tussen de 80-85°C ligt en laat afkoelen met een deksel erop om velvorming te voorkomen.
e) Verwarm de oven voor op 180°C/gasstand 4.
f) Snijd het briochebrood in stukken en steek er 8 blokjes uit van elk 4 x 4 cm.
g) Meng alle gekruide brioche-ingrediënten (exclusief brioche) grondig.
h) Bak de briocheblokjes in een beetje koolzaadolie aan elke kant goudbruin.
i) Rol de blokjes door het gekruide suikermengsel.
j) Leg ze op een bakplaat en bak 10-15 minuten of tot ze bruin zijn.
k) Serveer de warme gekruide briocheblokjes met een klein bakje bereide duindoornwrongel om in te dippen.

14. Gekruide Brioche Hot Cross-broodjes

INGREDIËNTEN:
DEEG
- 600 g bloem plus meer voor het kneden
- 75 g kristalsuiker
- 1 theelepel zout
- 7 g makkelijk te bakken instantgist
- 2 theelepel gemalen kaneel
- 1/2 theelepel gemalen piment
- 1/2 theelepel gemalen gember
- 1/4 theelepel gemalen nootmuskaat
- 125 ml melk, geheel of halfvol
- 4 grote eieren geklopt
- 150 g rozijnen
- 175 g ongezouten boter op kamertemperatuur
- 80 g gemengde schil
- 2 sinaasappels – schil

KRUIS
- 100 g gewone bloem
- 90 ml water

GLAZUUR
- 2 eetlepels kristalsuiker
- 2 eetlepels gekookt water

INSTRUCTIES:
VOOR HET DEEG:
a) Doe de bloem, suiker, zout, gist en kruiden in een grote kom en meng alles met een siliconenspatel tot alles gemengd is. Maak vervolgens een kuiltje in het midden en giet de melk en de losgeklopte eieren erin. Meng met de spatel tot er een ruw deeg ontstaat. Bestrooi vervolgens uw werkblad met bloem, haal het deeg uit de kom en kneed 5 minuten tot het deeg een gladde huid heeft. Laat vervolgens vijf minuten rusten.

b) Doe ondertussen de rozijnen in een kleine hittebestendige kom en bedek ze met kokend water. Zet dan opzij.

c) Voeg de boter toe aan het deeg, één eetlepel per keer, en kneed terwijl je doorgaat, zodat de boter volledig gemengd is. U moet uw werkoppervlak een paar keer opnieuw met bloem bestrooien, omdat het deeg erg plakkerig zal zijn. (Als u een

deegschraper heeft, helpt dit ook bij het manoeuvreren van het deeg.) Dit proces duurt ongeveer 10-15 minuten.
d) Zodra alle boter is gemengd, blijft u het deeg nog 10 minuten kneden totdat het deeg glad en soepel is en niet meer plakkerig.
e) Laat de rozijnen goed uitlekken en meng de gemengde schil en sinaasappelschil erdoor. Druk het deeg vervolgens een beetje plat en strooi het over het fruit. Kneed het deeg een beetje door elkaar zodat het fruit goed gemengd wordt – het deeg zal een beetje nat zijn. Vet een grote kom licht in met olie, plaats het deeg erin en dek af met huishoudfolie. Laat dit minimaal een uur rijzen op een warme plaats, totdat het deeg in omvang is verdubbeld.
f) Stort het gerezen deeg uit op een licht met bloem bestoven werkoppervlak en klop iets naar achteren om de lucht te laten ontsnappen. Verdeel het vervolgens in 12 gelijke stukken en rol er balletjes van. Plaats de balletjes op een beklede bakplaat met een beetje ruimte om te groeien. Laat het vervolgens 45 minuten op een warme plaats rijzen, tot het opgeblazen is. Verwarm ondertussen de oven voor op 220C/200C Hetelucht/Gas stand 7.

VOOR DE KRUISEN:
g) Terwijl de broodjes rijzen, maak je de pasta door de bloem en het water in een kleine kom te combineren tot alles goed gemengd is. Doe het vervolgens in een spuitzak en knip het uiteinde af, zodat er een middelgroot gat ontstaat.
h) Zodra de broodjes zijn gerezen, pijpt u verticale en horizontale lijnen over elk broodje. Bak vervolgens 20 minuten tot ze goudbruin zijn.

VOOR HET GLAZUUR:
i) Zodra de broodjes bijna klaar zijn met bakken, doe je het kokende water en de suiker in een kleine kom.
j) Haal de broodjes uit de oven en bestrijk het glazuur met een bakkwast terwijl het nog heet is.
k) Laat vervolgens afkoelen op een koelrek.

15. Chai gekruid briochebrood

INGREDIËNTEN:
VOOR DE BRIOCHE:
- 250 ml melk
- 1 1/2 eetlepel losse chai-thee
- 6 kardemompeulen, gekneusd
- 1 kaneelstokje
- 2 steranijs
- 2 theelepels fijn geraspte sinaasappelschil
- 7 g zakje gedroogde gist
- 70 g ruwe basterdsuiker
- 2 eieren
- 400 g gewoon broodmeel
- 100 g boter, op kamertemperatuur, in stukjes van 1 cm gesneden

VOOR DE VULLING:
- 150 g pistachenoten, licht geroosterd
- 150 g boter, op kamertemperatuur
- 70 g ruwe basterdsuiker
- 55 g stevig verpakte bruine suiker
- 80 g gewone bloem
- 2 theelepel gemalen gember
- 2 theelepel gemalen kaneel
- 1/4 theelepel gemalen kardemom
- 1/4 theelepel gemalen kruidnagel
- 1 eetl maanzaad

VOOR HET GLAZUUR:
- 2 eetlepels ruwe basterdsuiker
- 2 eetlepels water
- 2 theelepels losse blad chai thee

INSTRUCTIES:
CHAI-GEÏNFUSEERDE MELK:
a) Combineer melk, chai thee, kardemom, kaneel, steranijs en sinaasappelschil in een pan.
b) Breng aan de kook en laat vervolgens 2 minuten sudderen. Zet 15 minuten opzij om te laten trekken en iets af te koelen. Giet door een zeef in een kan.

GISTMENGSEL:
c) Klop de gist en 1 eetlepel suiker door het melkmengsel.
d) Laat het 10 minuten staan tot het schuimig is. Roer het ei erdoor.

BRIOCHE DEEG:
e) Verwerk de bloem en de resterende suiker tot ze gecombineerd zijn.
f) Voeg het melkmengsel toe en verwerk tot het deeg net aan elkaar plakt.
g) Voeg, terwijl de motor draait, geleidelijk de boter toe tot er een zacht, plakkerig deeg ontstaat.
h) Leg het deeg op een met bloem bestoven oppervlak, kneed het tot een gladde massa en laat het 1 uur rijzen tot het in omvang is verdubbeld.

VULLING:
i) Verwerk de pistachenoten tot ze fijngehakt zijn.
j) Voeg boter, suikers, bloem, gember, kaneel, kardemom en kruidnagel toe. Verwerk tot gecombineerd.

MONTEREN EN PROVEN:
k) Rol het deeg uit tot een rechthoek van 50 x 30 cm.
l) Verdeel de vulling en bestrooi met maanzaad.
m) Rol het tot een blok, snijd het in de lengte doormidden en kruis de helften voor een twist-effect.
n) Doe het in een ingevette bakvorm, dek af en laat 45 minuten rijzen.

BAKKEN:
o) Verwarm de oven voor op 180C/160C, hetelucht.
p) Bak gedurende 55 minuten tot 1 uur, of tot ze goudbruin zijn en een satéprikker er schoon uitkomt.

CHAI GLAZEN:
q) Meng suiker, water en chai-thee in een pan. Laat sudderen tot de suiker is opgelost en het mengsel iets dikker wordt.
r) Bestrijk het hete brood met het chai-glazuur.
s) Laat het 15 minuten iets afkoelen in de pan voordat je het warm serveert.

16. Suiker- en kruidenbrioche

INGREDIËNTEN:
VOOR HET BRIOCHE DEEG:
- 2 1/4 kopjes (315 g) bloem voor alle doeleinden
- 2 1/4 kopjes (340 g) broodmeel
- 1 1/2 pakjes (3 1/4 theelepel) actieve droge gist
- 1/2 kopje plus 1 eetlepel (82 g) suiker
- 1 eetl. zout
- 1/2 kop (120 g) koud water
- 5 grote eieren
- 1 kop plus 6 eetlepels (2 3/4 stokjes/310 g) ongezouten boter op kamertemperatuur, in ongeveer 12 stukken gesneden

VOOR DE TOPPING:
- 1/2 kop (100 g) suiker
- 1/2 theelepel gemalen kaneel
- 1/4 theelepel gemalen gember
- 1/4 theelepel gemalen nootmuskaat
- Knijp gemalen kruidnagels
- Snufje zout
- 1/4 kop (56 g) ongezouten boter, gesmolten

INSTRUCTIES:
VOOR HET BRIOCHE DEEG:
a) Meng bloem voor alle doeleinden, broodmeel, gist, suiker, zout, water en eieren in een keukenmixer met deeghaak.
b) Klop op lage snelheid gedurende 3 tot 4 minuten tot de ingrediënten samenkomen.
c) Blijf nog 3 tot 4 minuten op lage snelheid kloppen; het deeg zal stijf en droog zijn.
d) Voeg op lage snelheid de boter stuk voor stuk toe, zorg ervoor dat elk stuk volledig is gemengd voordat u het volgende toevoegt.
e) Meng op lage snelheid gedurende ongeveer 10 minuten, waarbij u af en toe de zijkanten en de bodem van de kom schraapt.
f) Verhoog de snelheid naar gemiddeld; klop gedurende 15 minuten tot het deeg plakkerig, zacht en glanzend is.
g) Verhoog de snelheid tot middelhoog; klop ongeveer 1 minuut tot het deeg elastisch is.

h) Doe het deeg in een grote, met olie ingevette kom, dek af met plasticfolie en laat het minimaal 6 uur of een hele nacht in de koelkast rijzen. Het deeg kan op dit moment maximaal 1 week worden ingevroren.

VOOR BRIOCHEBROODJES:
i) Haal de helft van het deeg eruit als je klaar bent om de broodjes te maken.
j) Bekleed 10 kopjes van een standaard muffinblikje met 12 kopjes met papieren voeringen of boter en bloem royaal.
k) Druk het deeg op een met bloem bestoven oppervlak in een rechthoek van 10 x 5 inch.
l) Snijd het deeg in 10 gelijke reepjes van 1 inch x 5 inch en snijd elke strook vervolgens in 5 stukken, wat resulteert in 50 vierkanten.
m) Plaats 5 vierkantjes in elke muffinvorm, dek af met plasticfolie en laat het ongeveer 1 1/2 uur op een warme plek rijzen tot het opgezwollen en zacht is.
n) Verwarm de oven voor op 350 ° F; bak 25 tot 35 minuten tot ze goudbruin zijn.
o) Laat de broodjes 5 tot 10 minuten afkoelen op een rooster.

VOOR DE TOPPING:
p) Combineer suiker, kruiden en zout in een kleine kom.
q) Bestrijk de bovenkanten van de broodjes met gesmolten boter en rol ze door het suikermengsel zodat ze gelijkmatig bedekt zijn.
r) Broodjes worden het beste geserveerd binnen 4 uur na het bakken. Ze kunnen maximaal 1 dag in een luchtdichte verpakking worden bewaard en vervolgens gedurende 5 minuten in een oven van 300 ° F worden opgewarmd.

17. Kurkuma gekruide briochebroodjes

INGREDIËNTEN:
VOOR HET BRIOCHE DEEG:
- 2 1/4 kopjes (315 g) bloem voor alle doeleinden
- 2 1/4 kopjes (340 g) broodmeel
- 1 1/2 pakjes (3 1/4 theelepel) actieve droge gist
- 1/2 kopje plus 1 eetlepel (82 g) suiker
- 1 eetl. zout
- 1/2 kop (120 g) koud water
- 5 grote eieren
- 1 kop plus 6 eetlepels (2 3/4 stokjes/310 g) ongezouten boter op kamertemperatuur, in ongeveer 12 stukken gesneden
- 1 1/2 theelepel gemalen kurkuma (voor de levendige kleur en subtiele kruiden)

VOOR DE TOPPING:
- 1/2 kop (100 g) suiker
- 1/2 theelepel gemalen kaneel
- 1/4 theelepel gemalen gember
- 1/4 theelepel gemalen nootmuskaat
- Knijp gemalen kruidnagels
- Snufje zout
- 1/4 kop (56 g) ongezouten boter, gesmolten

INSTRUCTIES:
VOOR HET BRIOCHE DEEG:
a) Meng bloem voor alle doeleinden, broodmeel, gist, suiker, zout, water, eieren en gemalen kurkuma in een keukenmixer met deeghaak.
b) Klop op lage snelheid gedurende 3 tot 4 minuten tot de ingrediënten samenkomen.
c) Blijf nog 3 tot 4 minuten op lage snelheid kloppen; het deeg zal stijf en droog zijn.
d) Voeg op lage snelheid de boter stuk voor stuk toe, zorg ervoor dat elk stuk volledig is gemengd voordat u het volgende toevoegt.
e) Meng op lage snelheid gedurende ongeveer 10 minuten, waarbij u af en toe de zijkanten en de bodem van de kom schraapt.

f) Verhoog de snelheid naar gemiddeld; klop gedurende 15 minuten tot het deeg plakkerig, zacht en glanzend is.
g) Verhoog de snelheid tot middelhoog; klop ongeveer 1 minuut tot het deeg elastisch is.
h) Doe het deeg in een grote, met olie ingevette kom, dek af met plasticfolie en laat het minimaal 6 uur of een hele nacht in de koelkast rijzen. Het deeg kan op dit moment maximaal 1 week worden ingevroren.

VOOR BRIOCHEBROODJES:
i) Haal de helft van het kurkuma-gekruide deeg eruit als je klaar bent om de broodjes te maken.
j) Bekleed 10 kopjes van een standaard muffinblikje met 12 kopjes met papieren voeringen of boter en bloem royaal.
k) Druk het deeg op een met bloem bestoven oppervlak in een rechthoek van 10 x 5 inch.
l) Snijd het deeg in 10 gelijke reepjes van 1 inch x 5 inch en snijd elke strook vervolgens in 5 stukken, wat resulteert in 50 vierkanten.
m) Plaats 5 vierkantjes in elke muffinvorm, dek af met plasticfolie en laat het ongeveer 1 1/2 uur op een warme plek rijzen tot het opgezwollen en zacht is.
n) Verwarm de oven voor op 350 ° F; bak 25 tot 35 minuten tot ze goudbruin zijn.
o) Laat de broodjes 5 tot 10 minuten afkoelen op een rooster.
p) Combineer suiker, kruiden en zout in een kleine kom.
q) Bestrijk de bovenkanten van de broodjes met gesmolten boter en rol ze door het suikermengsel zodat ze gelijkmatig bedekt zijn.

18.Kaneelsuiker Swirl Brioche

INGREDIËNTEN:
- 3 1/4 kopjes bloem voor alle doeleinden
- 1/4 kop kristalsuiker
- 1 theelepel zout
- 1 pakje actieve droge gist
- 1/2 kopje warme melk
- 3 grote eieren
- 1 kopje ongezouten boter, verzacht
- 1/2 kop bruine suiker
- 2 eetlepels gemalen kaneel

INSTRUCTIES:
a) Meng warme melk en gist in een kom. Laat het 5 minuten staan tot het schuimt.
b) Meng de bloem, kristalsuiker en zout in een grote kom. Voeg het gistmengsel en de eieren toe en kneed tot een gladde massa.
c) Voeg zachte boter toe en kneed tot het deeg elastisch is.
d) Dek af en laat rijzen tot het in volume verdubbeld is.
e) Rol het deeg uit, bestrijk het met bruine suiker en kaneel en rol het tot een blok.
f) Snijd het in porties, doe het in een ingevette pan en laat het opnieuw rijzen.
g) Bak gedurende 25-30 minuten op 175°C.

19. Nootmuskaat-rozijnenbriochebroodjes

INGREDIËNTEN:
- 4 kopjes broodmeel
- 1/4 kopje suiker
- 1 theelepel zout
- 1 pakje instantgist
- 1 kopje warme melk
- 3 grote eieren
- 1/2 kop ongezouten boter
- 1/2 kop rozijnen
- 1 theelepel gemalen nootmuskaat

INSTRUCTIES:
a) Meng bloem, suiker en zout in een kom.
b) Meng warme melk, gist en laat het 10 minuten staan.
c) Voeg eieren, zachte boter, nootmuskaat en rozijnen toe aan het bloemmengsel.
d) Kneed tot een gladde massa, laat het rijzen tot het verdubbeld is.
e) Vorm er rolletjes van, leg ze op een bakplaat en laat ze opnieuw rijzen.
f) Bak gedurende 20-25 minuten op 190°C.

20. Kardemom Sinaasappel Twist Brioche

INGREDIËNTEN:
- 3 1/2 kopjes bloem voor alle doeleinden
- 1/4 kopje suiker
- 1 theelepel zout
- 1 pakje actieve droge gist
- 1 kopje warme melk
- 3 grote eieren
- 1/2 kopje ongezouten boter
- Schil van 1 sinaasappel
- 1 eetlepel gemalen kardemom

INSTRUCTIES:
a) Meng warme melk en gist, laat schuimen.
b) Meng bloem, suiker en zout. Voeg het gistmengsel, de eieren, de boter, de kardemom en de sinaasappelschil toe. Kneed tot een gladde massa.
c) Laat het rijzen, verdeel het deeg en vorm het.
d) Draai elk stuk en plaats het in een ingevette pan.
e) Laat opnieuw rijzen en bak vervolgens gedurende 30 minuten op 175°C.

21. Peperkoekbriochebrood

INGREDIËNTEN:
- 4 kopjes broodmeel
- 1/3 kopje bruine suiker
- 1 theelepel zout
- 1 pakje instantgist
- 1 kopje warme melk
- 3 grote eieren
- 1/2 kop ongezouten boter
- 1/4 kopje melasse
- 1 eetlepel gemalen gember
- 1 theelepel gemalen kaneel

INSTRUCTIES:
a) Los de gist op in warme melk en laat het 5 minuten staan.
b) Meng bloem, bruine suiker, zout, gember en kaneel.
c) Voeg het gistmengsel, de eieren, de zachte boter en de melasse toe. Kneed tot een gladde massa.
d) Laat het rijzen, vorm er een brood van en plaats het in een ingevette pan.
e) Laat opnieuw rijzen en bak vervolgens 35-40 minuten op 190°C.

22. Pumpkin Spice Brioche-knopen

INGREDIËNTEN:
- 3 1/2 kopjes bloem voor alle doeleinden
- 1/4 kopje suiker
- 1 theelepel zout
- 1 pakje actieve droge gist
- 1/2 kop warme melk
- 3 grote eieren
- 1/2 kopje ongezouten boter, verzacht
- 1/2 kopje pompoenpuree
- 1 theelepel gemalen kaneel
- 1/2 theelepel gemalen nootmuskaat

INSTRUCTIES:
a) Warme melk en gist mengen, laten rijzen.
b) Meng bloem, suiker, zout, kaneel en nootmuskaat.
c) Voeg het gistmengsel, de eieren, de zachte boter en de pompoenpuree toe. Kneed tot een gladde massa.
d) Laat rijzen, vorm er knopen van en leg ze op een bakplaat.
e) Laat het opnieuw rijzen en bak het vervolgens 25-30 minuten op 175°C.

23. Chai gekruide briochewervelingen

INGREDIËNTEN:
- 4 kopjes broodmeel
- 1/4 kopje suiker
- 1 theelepel zout
- 1 pakje instantgist
- 1 kopje warme chai-thee (gebrouwen en gekoeld)
- 3 grote eieren
- 1/2 kop ongezouten boter, gesmolten
- 1 eetlepel gemalen kaneel
- 1/2 theelepel gemalen kardemom

INSTRUCTIES:
a) Zet chai-thee en laat het afkoelen. Meng met gist en laat het 10 minuten staan.
b) Meng bloem, suiker, zout, kaneel en kardemom.
c) Voeg het chai-mengsel, de eieren en de gesmolten boter toe. Kneed tot een gladde massa.
d) Laat het rijzen, rol het uit en verdeel er nog meer kaneel en kardemom over.
e) Rol het op tot een blok, snijd het in krullen, doe het in een pan en laat het opnieuw rijzen.
f) Bak gedurende 20-25 minuten op 190°C.

24. Brioche-muffins met appelcider

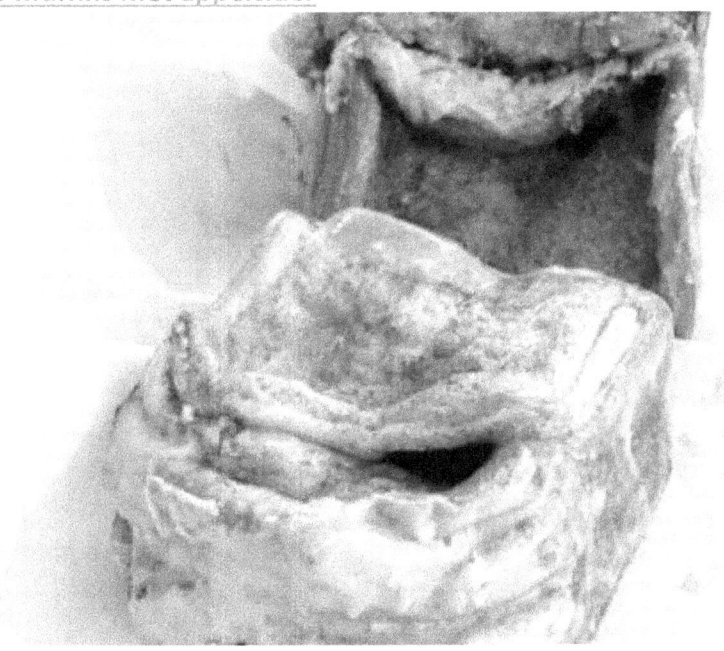

INGREDIËNTEN:
- 3 1/4 kopjes bloem voor alle doeleinden
- 1/4 kopje suiker
- 1 theelepel zout
- 1 pakje actieve droge gist
- 1/2 kopje warme appelcider
- 3 grote eieren
- 1/2 kop ongezouten boter, verzacht
- 2 kopjes in blokjes gesneden appels (geschild)
- 1 theelepel gemalen kaneel

INSTRUCTIES:
a) Meng warme appelcider en gist, laat schuimen.
b) Meng bloem, suiker, zout en kaneel.
c) Voeg het gistmengsel, de eieren, de zachte boter en de in blokjes gesneden appels toe. Kneed tot een gladde massa.
d) Laat het rijzen, vorm er muffins van en doe ze in muffinvormpjes.
e) Laat het opnieuw rijzen en bak het vervolgens 20-25 minuten op 175°C.

25. Vanille Kardemom Brioche Krans

INGREDIËNTEN:
- 4 kopjes broodmeel
- 1/3 kopje suiker
- 1 theelepel zout
- 1 pakje instantgist
- 1 kopje warme melk
- 3 grote eieren
- 1/2 kop ongezouten boter, gesmolten
- 1 eetlepel vanille-extract
- 1 theelepel gemalen kardemom

INSTRUCTIES:
a) Meng warme melk en gist en laat het 5 minuten staan.
b) Meng bloem, suiker, zout en kardemom.
c) Voeg het gistmengsel, de eieren, de gesmolten boter en het vanille-extract toe. Kneed tot een gladde massa.
d) Laat het rijzen, rol het uit, vorm het tot een krans en leg het op een bakplaat.
e) Laat opnieuw rijzen en bak vervolgens 30-35 minuten op 190°C.

REGIONALE BRIOCHE

26. Klassieke Franse brioche

INGREDIËNTEN:
- ¼ kopje volle melk
- 2 theelepels instantgist
- 4 grote eieren, verdeeld
- 2⅔ kopjes broodmeel (of T55-meel)
- 3 eetlepels kristalsuiker
- 2 theelepels koosjer zout
- ⅔ kopje ongezouten boter, op kamertemperatuur (65 tot 70 °F), plus meer voor het invetten

INSTRUCTIES:
a) Maak het deeg: roer in een middelgrote kom de melk, gist en 3 eieren lichtjes door elkaar. Voeg de bloem, suiker en zout toe en roer tot een ruig deeg ontstaat. Leg het deeg op een schone werkbank en kneed het gedurende 6 tot 8 minuten (of doe het in een keukenmixer en kneed 4 tot 5 minuten op lage snelheid) tot het glad is.

b) Doe het deeg terug in de kom en meng beetje bij beetje de boter erdoor, met de hand of met de deeghaak, en blijf kneden tot de boter goed is opgenomen.

c) Dek af met een handdoek en laat 1 tot 1½ uur op kamertemperatuur staan. Het deeg moet in omvang verdubbelen. (Deze timing varieert, afhankelijk van de temperatuur in uw keuken.)

VORM EN BAK:
d) Zet de kom minimaal 2 uur in de koelkast voordat u hem gaat vormen. Hoe kouder het deeg, hoe gemakkelijker en minder plakkerig het zal zijn om mee te werken.

e) Zodra het deeg koud is, verdeel je het met een werkbankschraper gelijkmatig in 6 gelijke stukken. Gebruik hiervoor een weegschaal als je die hebt.

f) Bestrooi de bovenkant van elk stuk lichtjes met bloem.

g) Maak één stuk deeg voorzichtig plat, gebruik vervolgens je vingertoppen om de randen van het deeg naar het midden te trekken en knijp het in een ruwe ronde vorm. Draai de ronde om. Vorm het deeg in uw hand en draai, met behulp van de greep van uw bank, de ronde tegen de tafel om de naad strakker te maken.

h) Bestuif de bovenkant indien nodig met bloem om te voorkomen dat het aan je hand blijft plakken. Werk snel om te voorkomen dat het vet te snel opwarmt. Herhaal met de overige rondes.
i) Vet een broodvorm in met boter. Breng de rondjes over naar de pan met de naad naar beneden en lijn ze twee aan twee uit. Dek af met een handdoek en laat 1½ tot 2 uur staan, totdat de structuur van de marshmallows is verdubbeld en het volume is verdubbeld.
j) Verwarm de oven na 1 uur rijzen voor op 375 ° F.
k) Klop het resterende ei los met een scheutje water en bestrijk dit glazuur voorzichtig over het brood.
l) Bak gedurende 30 tot 35 minuten, totdat het brood goudbruin is en een thermometer in het midden ongeveer 200 ° F registreert.
m) Leg het brood onmiddellijk op een koelrek, draai het met de goede kant naar boven en laat het 15 tot 20 minuten rusten voordat u het aansnijdt.

27.Een merican brioche

INGREDIËNTEN:
- ½ kopje melk
- ½ kopje boter
- ⅓ kopje suiker
- 1 theelepel zout
- 1 pakje Gist
- ¼ kopje Warm water
- 1 ei; gescheiden
- 3 hele eieren; geslagen
- 3¼ kopje bloem; gezeefd

INSTRUCTIES:
a)   Verbrand de melk en laat afkoelen tot lauw.
b)   Roomboter, geleidelijk suiker toevoegen. Voeg zout toe.
c)   Maak de gist zacht in het water.
d)   Meng de melk, het afgeroomde mengsel en de gist. Voeg het eigeel, de hele eieren en de bloem toe en klop met een houten lepel gedurende 2 minuten.
e)   Dek af en laat op een warme plaats rijzen tot het volume meer dan verdubbeld is, ongeveer 2 uur of minder.
f)   Roer door en klop grondig. Dek het goed af met folie en zet het een nacht in de koelkast.
g)   Verwarm de oven voor op heet (425F); plaats het rek dichtbij de onderkant.
h)   Roer het deeg door en leg het op een met bloem bestoven bord. Snijd iets minder dan een kwart van het deeg af en bewaar.
i)   Snijd het resterende deeg in 16 stukken en vorm er balletjes van gelijke grootte van.
j)   Plaats in een goed ingevette muffinvorm (2/¾ x 1¼ inch diep).
k)   Snijd het kleinere stuk deeg in 16 stukken en vorm er gladde balletjes van. Bevochtig de vinger lichtjes en maak een kuiltje in elke grote bal. Plaats een kleine bal in elke verdieping. Dek af en laat op een warme plaats rijzen tot het volume verdubbeld is, ongeveer 1 uur.
l)   Klop het resterende eiwit los met een theelepel suiker. Bestrijk de brioche ermee. Bak tot het bruin is, of 15 - 20 minuten.

28.Zwitserse brioche met chocoladestukjes

INGREDIËNTEN:
VOOR HET BRIOCHEDEEG:
- 3 1/4 kopjes bloem voor alle doeleinden
- 1/4 kop kristalsuiker
- 1 1/4 theelepel actieve droge gist
- 1/2 kop warme melk
- 3 grote eieren
- 1 theelepel zout
- 1 kopje ongezouten boter, verzacht

VOOR HET VULLEN:
- 1 tot 1 1/2 kopjes Zwitserse chocoladestukjes

VOOR EIERWASSEN:
- 1 ei, losgeklopt

INSTRUCTIES:
ACTIVEER DE GIST:
a) Meng in een kleine kom warme melk en een snufje suiker. Strooi de gist over de melk en laat het 5-10 minuten staan tot het schuimig wordt.

BEREID HET DEEG:
b) Meng de bloem, suiker en zout in een grote mengkom. Maak een kuiltje in het midden en voeg het geactiveerde gistmengsel en de losgeklopte eieren toe. Meng tot er een plakkerig deeg ontstaat.
c) Voeg geleidelijk de zachte boter toe, één eetlepel per keer, en meng goed tussen de toevoegingen. Kneed het deeg op een met bloem bestoven oppervlak gedurende ongeveer 10-15 minuten tot het glad en elastisch wordt.

EERSTE STIJGING:
d) Doe het deeg in een licht met olie ingevette kom, dek af met plasticfolie of een vochtige doek en laat het 1-2 uur rijzen op een warme plaats, of tot het in omvang is verdubbeld.

VOEG CHOCOLADESTUKJES TOE:
e) Druk het gerezen deeg voorzichtig aan en kneed de Zwitserse chocoladestukjes erdoor tot ze gelijkmatig verdeeld zijn.
f) Verdeel het deeg in gelijke porties en vorm het in de gewenste vorm: een brood, broodjes of een andere vorm die u verkiest.

TWEEDE STIJGING:
g) Leg het gevormde deeg op een bakplaat bekleed met bakpapier. Dek af en laat het opnieuw ongeveer 1 uur rijzen.
h) Verwarm uw oven voor op 350 ° F (180 ° C). Bestrijk de gerezen brioche met het losgeklopte ei, zodat het een glanzende afwerking krijgt.

BAKKEN:
i) Bak in de voorverwarmde oven gedurende 25-30 minuten of tot de brioche goudbruin is en hol klinkt als je op de bodem klopt.
j) Laat de Swiss Chocolate Chip Brioche afkoelen op een rooster voordat u hem in stukken snijdt en serveert.

29.Provençaalse Citroen-Lavendelbrioche

INGREDIËNTEN:
VOOR HET BRIOCHEDEEG:
- 3 1/4 kopjes bloem voor alle doeleinden
- 1/4 kop kristalsuiker
- 1 1/4 theelepel actieve droge gist
- 1/2 kop warme melk
- 3 grote eieren
- 1 theelepel zout
- 1 kopje ongezouten boter, verzacht

VOOR SMAAK:
- Schil van 2 citroenen
- 1 eetlepel gedroogde culinaire lavendel (zorg ervoor dat het voedselveilig is)

VOOR EIERWASSEN:
- 1 ei, losgeklopt

OPTIONEEL GLAZUUR:
- 1 kopje poedersuiker
- 2 eetlepels citroensap
- 1 theelepel gedroogde culinaire lavendel (optioneel, voor garnering)

INSTRUCTIES:
ACTIVEER DE GIST:
a) Meng in een kleine kom warme melk en een snufje suiker. Strooi de gist over de melk en laat het 5-10 minuten staan tot het schuimig wordt.

BEREID HET DEEG:
b) Meng in een grote mengkom de bloem, suiker, zout, citroenschil en gedroogde lavendel. Maak een kuiltje in het midden en voeg het geactiveerde gistmengsel en de losgeklopte eieren toe. Meng tot er een plakkerig deeg ontstaat.
c) Voeg geleidelijk de zachte boter toe, één eetlepel per keer, en meng goed tussen de toevoegingen. Kneed het deeg op een met bloem bestoven oppervlak gedurende ongeveer 10-15 minuten tot het glad en elastisch wordt.

EERSTE STIJGING:

d) Doe het deeg in een licht met olie ingevette kom, dek af met plasticfolie of een vochtige doek en laat het 1-2 uur rijzen op een warme plaats, of tot het in omvang is verdubbeld.

VORM EN TWEEDE STIJGING:

e) Pons het gerezen deeg plat en vorm het in de gewenste vorm: een brood, broodjes of een andere vorm. Leg het gevormde deeg op een bakplaat bekleed met bakpapier. Dek af en laat het opnieuw ongeveer 1 uur rijzen.

f) Verwarm uw oven voor op 350 ° F (180 ° C). Bestrijk de gerezen brioche met het losgeklopte ei, zodat het een glanzende afwerking krijgt.

BAKKEN:

g) Bak in de voorverwarmde oven gedurende 25-30 minuten of tot de brioche goudbruin is en hol klinkt als je op de bodem klopt.

h) Klop desgewenst poedersuiker en citroensap samen tot een glazuur. Sprenkel het over de afgekoelde brioche en bestrooi met gedroogde lavendel ter garnering.

i) Laat de Provençaalse citroen-lavendelbrioche afkoelen op een rooster voordat u hem in stukken snijdt en serveert.

30.Zuidelijke Kaneel-Pecan Brioche

INGREDIËNTEN:
VOOR HET BRIOCHEDEEG:
- 3 1/4 kopjes bloem voor alle doeleinden
- 1/4 kop kristalsuiker
- 1 1/4 theelepel actieve droge gist
- 1/2 kopje warme melk
- 3 grote eieren
- 1 theelepel zout
- 1 kopje ongezouten boter, verzacht

VOOR KANEEL-PECAN VULLING:
- 1/2 kop ongezouten boter, verzacht
- 1 kopje bruine suiker, verpakt
- 2 eetlepels gemalen kaneel
- 1 kopje gehakte pecannoten

VOOR EIERWASSEN:
- 1 ei, losgeklopt

INSTRUCTIES:
ACTIVEER DE GIST:
a) Meng in een kleine kom warme melk en een snufje suiker. Strooi de gist over de melk en laat het 5-10 minuten staan tot het schuimig wordt.

BEREID HET DEEG:
b) Meng de bloem, suiker en zout in een grote mengkom. Maak een kuiltje in het midden en voeg het geactiveerde gistmengsel en de losgeklopte eieren toe. Meng tot er een plakkerig deeg ontstaat.

c) Voeg geleidelijk de zachte boter toe, één eetlepel per keer, en meng goed tussen de toevoegingen. Kneed het deeg op een met bloem bestoven oppervlak gedurende ongeveer 10-15 minuten tot het glad en elastisch wordt.

EERSTE STIJGING:
d) Doe het deeg in een licht met olie ingevette kom, dek af met plasticfolie of een vochtige doek en laat het 1-2 uur rijzen op een warme plaats, of tot het in omvang is verdubbeld.

BEREID DE VULLING VOOR:

e) Meng in een middelgrote kom de zachte boter, bruine suiker, gemalen kaneel en gehakte pecannoten om de vulling te creëren.

f) Pons het gerezen deeg plat en rol het uit tot een grote rechthoek op een met bloem bestoven oppervlak. Verdeel de kaneel-pecannootvulling gelijkmatig over het deeg.

g) Rol het deeg vanaf één lange zijde strak op tot een blok. Snijd het houtblok in broodjes of plakjes van gelijke grootte.

TWEEDE STIJGING:

h) Leg de gesneden broodjes op een bakplaat bekleed met bakpapier. Dek af en laat ze opnieuw ongeveer 1 uur rijzen.

i) Verwarm uw oven voor op 350 ° F (180 ° C). Bestrijk de gerezen broodjes met het losgeklopte ei, zodat ze een glanzende afwerking krijgen.

BAKKEN:

j) Bak in de voorverwarmde oven gedurende 20-25 minuten of tot de broodjes goudbruin zijn.

k) Laat de Southern Cinnamon-Pecan Brioche afkoelen op een rooster voordat u hem serveert.

31. Scandinavische kardemom-sinaasappelbrioche

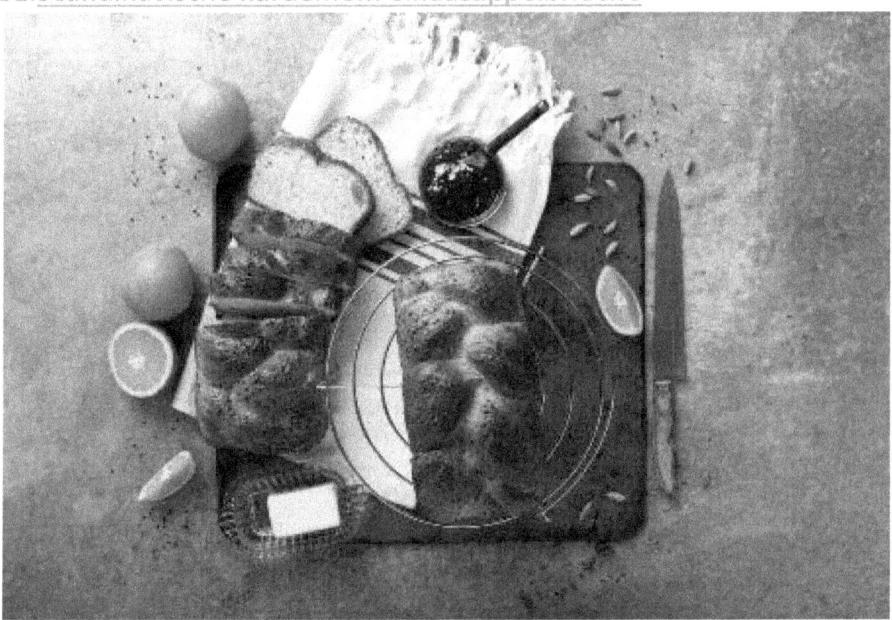

INGREDIËNTEN:
VOOR HET BRIOCHEDEEG:
- 3 1/4 kopjes bloem voor alle doeleinden
- 1/4 kop kristalsuiker
- 1 1/4 theelepel actieve droge gist
- 1/2 kopje warme melk
- 3 grote eieren
- 1 theelepel zout
- 1 kopje ongezouten boter, verzacht

VOOR KARDEMOM-ORANJE VULLING:
- Schil van 2 sinaasappels
- 1 tot 2 eetlepels gemalen kardemom (aanpassen aan smaak)
- 1/2 kopje kristalsuiker
- 1/4 kop ongezouten boter, verzacht

VOOR EIERWASSEN:
- 1 ei, losgeklopt

OPTIONEEL GLAZUUR:
- 1 kopje poedersuiker
- 2 eetlepels sinaasappelsap
- Sinaasappelschil voor garnering

INSTRUCTIES:
ACTIVEER DE GIST:
a) Meng in een kleine kom warme melk en een snufje suiker. Strooi de gist over de melk en laat het 5-10 minuten staan tot het schuimig wordt.

BEREID HET DEEG:
b) Meng in een grote mengkom de bloem, suiker, zout, sinaasappelschil en gemalen kardemom. Maak een kuiltje in het midden en voeg het geactiveerde gistmengsel en de losgeklopte eieren toe. Meng tot er een plakkerig deeg ontstaat.

c) Voeg geleidelijk de zachte boter toe, één eetlepel per keer, en meng goed tussen de toevoegingen. Kneed het deeg op een met bloem bestoven oppervlak gedurende ongeveer 10-15 minuten tot het glad en elastisch wordt.

EERSTE STIJGING:

d) Doe het deeg in een licht met olie ingevette kom, dek af met plasticfolie of een vochtige doek en laat het 1-2 uur rijzen op een warme plaats, of tot het in omvang is verdubbeld.

BEREID DE VULLING VOOR:

e) Meng in een kleine kom de sinaasappelschil, gemalen kardemom, suiker en zachte boter om de vulling te creëren.

f) Pons het gerezen deeg plat en rol het uit tot een grote rechthoek op een met bloem bestoven oppervlak. Verdeel de kardemom-sinaasappelvulling gelijkmatig over het deeg.

g) Rol het deeg vanaf één lange zijde strak op tot een blok. Snijd het houtblok in broodjes of plakjes van gelijke grootte.

TWEEDE STIJGING:

h) Leg de gesneden broodjes op een bakplaat bekleed met bakpapier. Dek af en laat ze opnieuw ongeveer 1 uur rijzen.

i) Verwarm uw oven voor op 350 ° F (180 ° C). Bestrijk de gerezen broodjes met het losgeklopte ei, zodat ze een glanzende afwerking krijgen.

BAKKEN:

j) Bak in de voorverwarmde oven gedurende 20-25 minuten of tot de broodjes goudbruin zijn.

k) Klop desgewenst poedersuiker en sinaasappelsap tot een glazuur. Sprenkel het over de afgekoelde brioche en bestrooi met sinaasappelschil ter garnering.

l) Laat de Scandinavische kardemom-sinaasappelbrioche afkoelen op een rooster voordat u deze serveert.

32. Elzasser Kugelhopf Brioche

INGREDIËNTEN:
- 3 1/2 kopjes bloem voor alle doeleinden
- 1/4 kopje suiker
- 1 theelepel zout
- 1 pakje actieve droge gist
- 1/2 kop warme melk
- 3 grote eieren
- 1/2 kopje ongezouten boter, verzacht
- 1/2 kop rozijnen
- 1/4 kop gehakte amandelen
- 1 theelepel amandelextract

INSTRUCTIES:
a) Warme melk en gist mengen, laten rijzen.
b) Meng bloem, suiker en zout. Voeg het gistmengsel, de eieren en de zachte boter toe. Kneed tot een gladde massa.
c) Vouw rozijnen, amandelen en amandelextract erdoor.
d) Laat rijzen, vorm het in een traditionele Kugelhopf-vorm en laat het opnieuw rijzen.
e) Bak gedurende 35-40 minuten op 175°C.

33. Provençaalse Fougasse Brioche

INGREDIËNTEN:
- 3 1/4 kopjes broodmeel
- 1/4 kopje suiker
- 1 theelepel zout
- 1 pakje instantgist
- 1/2 kopje warm water
- 3 grote eieren
- 1/2 kopje olijfolie
- 1/4 kop gehakte zwarte olijven
- 1 eetlepel gehakte verse rozemarijn

INSTRUCTIES:
a) Los de gist op in warm water en laat het 5 minuten staan.
b) Meng bloem, suiker en zout. Voeg het gistmengsel, de eieren en de olijfolie toe. Kneed tot een gladde massa.
c) Vouw de gehakte olijven en rozemarijn erdoor.
d) Laten rijzen, vormgeven tot een Fougasse-patroon en opnieuw laten rijzen.
e) Bak gedurende 25-30 minuten op 190°C.

34.Zweedse Saffraanbrioche Lussekatter

INGREDIËNTEN:
- 4 kopjes bloem voor alle doeleinden
- 1/2 kopje suiker
- 1 theelepel zout
- 1 pakje actieve droge gist
- 1 kopje warme melk
- 3 grote eieren
- 1/2 kop ongezouten boter, gesmolten
- 1/2 theelepel saffraandraadjes (geweekt in warme melk)
- Rozijnen ter decoratie

INSTRUCTIES:
a) Meng warme melk en gist, laat schuimen.
b) Meng bloem, suiker en zout. Voeg het gistmengsel, de eieren, de gesmolten boter en de met saffraan doordrenkte melk toe. Kneed tot een gladde massa.
c) Laat rijzen, vorm er S-vormige rolletjes van (Lussekatter) en leg de rozijnen erop.
d) Laat het opnieuw rijzen en bak het vervolgens 20-25 minuten op 190°C.

35. Italiaanse panettonebrioche

INGREDIËNTEN:
- 3 1/2 kopjes broodmeel
- 1/2 kopje suiker
- 1 theelepel zout
- 1 pakje instantgist
- 1/2 kop warme melk
- 3 grote eieren
- 1/2 kop ongezouten boter, verzacht
- 1/2 kop gekonfijte sinaasappelschil
- 1/2 kop rozijnen
- 1 theelepel vanille-extract

INSTRUCTIES:
a) Los de gist op in warme melk en laat het 5 minuten staan.
b) Meng bloem, suiker en zout. Voeg het gistmengsel, de eieren, de zachte boter en het vanille-extract toe. Kneed tot een gladde massa.
c) Vouw de gekonfijte sinaasappelschil en rozijnen erdoor.
d) Laat rijzen, vorm een ronde panettone en laat weer rijzen.
e) Bak gedurende 45-50 minuten op 175°C.

36. Japanse Matcha-meloenpanbrioche

INGREDIËNTEN:
- 3 1/2 kopjes broodmeel
- 1/4 kopje suiker
- 1 theelepel zout
- 1 pakje instantgist
- 1/2 kop warme melk
- 3 grote eieren
- 1/2 kopje ongezouten boter, verzacht
- 2 eetlepels matchapoeder
- Meloenpan topping (koekjesdeeg)

INSTRUCTIES:
a) Los de gist op in warme melk en laat het 5 minuten staan.
b) Meng bloem, suiker, zout en matchapoeder. Voeg het gistmengsel, de eieren en de zachte boter toe. Kneed tot een gladde massa.
c) Laat rijzen, verdeel in porties en vorm met de meloenpan-topping.
d) Laat het opnieuw rijzen en bak het vervolgens 20-25 minuten op 190°C.

37. Marokkaanse Oranjebloesembrioche

INGREDIËNTEN:
- 3 1/4 kopjes bloem voor alle doeleinden
- 1/4 kopje suiker
- 1 theelepel zout
- 1 pakje actieve droge gist
- 1/2 kopje warm water
- 3 grote eieren
- 1/2 kopje ongezouten boter, gesmolten
- Schil van 2 sinaasappels
- 2 eetlepels oranjebloesemwater

INSTRUCTIES:
a) Meng warm water en gist, laat het rijzen.
b) Meng bloem, suiker en zout. Voeg het gistmengsel, de eieren, de gesmolten boter, de sinaasappelschil en het oranjebloesemwater toe. Kneed tot een gladde massa.
c) Laat rijzen, vorm er een rond brood van en laat het opnieuw rijzen.
d) Bak gedurende 30-35 minuten op 175°C.

38. Indiase kardemom- en saffraanbrioche

INGREDIËNTEN:
- 4 kopjes broodmeel
- 1/3 kopje suiker
- 1 theelepel zout
- 1 pakje instantgist
- 1 kopje warme melk
- 3 grote eieren
- 1/2 kopje ongezouten boter, verzacht
- 1 eetlepel gemalen kardemom
- 1/2 theelepel saffraandraadjes (geweekt in warme melk)

INSTRUCTIES:
a) Los de gist op in warme melk en laat het 5 minuten staan.
b) Meng bloem, suiker, zout en gemalen kardemom. Voeg het gistmengsel, de eieren, de zachte boter en de met saffraan doordrenkte melk toe. Kneed tot een gladde massa.
c) Laat rijzen, vorm er een gevlochten brood van en laat het weer rijzen.
d) Bak gedurende 25-30 minuten op 190°C.

39. Mexicaanse kaneel-chocoladebrioche

INGREDIËNTEN:
- 3 1/2 kopjes bloem voor alle doeleinden
- 1/4 kopje suiker
- 1 theelepel zout
- 1 pakje actieve droge gist
- 1/2 kopje warme melk
- 3 grote eieren
- 1/2 kopje ongezouten boter, gesmolten
- 1/4 kopje cacaopoeder
- 1 eetlepel gemalen kaneel
- 1/2 kopje chocoladestukjes

INSTRUCTIES:

a) Meng warme melk en gist, laat schuimen.
b) Meng bloem, suiker, zout, cacaopoeder en gemalen kaneel. Voeg het gistmengsel, de eieren, de gesmolten boter en de chocoladestukjes toe. Kneed tot een gladde massa.
c) Laat rijzen, vorm er individuele rollen van en laat ze weer rijzen.
d) Bak gedurende 20-25 minuten op 175°C.

FRUITBRIOCHE

40. Fruit- en notenbrioche

INGREDIËNTEN:
- 1 eetlepel verse gist
- 150 ml lauwe melk
- 250 gram Meel
- 4 Eieren geslagen
- 1 snufje zout
- 4 eetlepels suiker
- ½ kopje amandelen
- ½ kopje hazelnoten
- ¼ kopje rozijnen of rozijnen
- ⅓ kopje krenten
- ⅓ kopje Gedroogde abrikozen, in plakjes gesneden
- Een paar glazuurkersen
- 170 gram Boter, zacht maar niet gesmolten

INSTRUCTIES:
a) Verwarm de oven voor op 170C. Los de gist op in de melk. Voeg bloem, eieren, zout, suiker, noten en fruit toe.
b) Klop goed. dek af en laat op een warme plaats rijzen tot het volume verdubbeld is.
c) Pureer, voeg boter toe en klop goed, zorg ervoor dat er geen klontjes boter achterblijven. Giet het mengsel in een goed beboterde bakvorm (het mengsel moet de bakvorm voor de helft vullen). Laat opnieuw rijzen tot de vorm ¾ vol is.
d) Bak op 170 C tot een satéprikker er schoon uitkomt (ongeveer 20-25 minuten).
e) Koel alvorens te snijden.

41. Brioche Custardbroodjes met Stoned Fruit en Basilicum

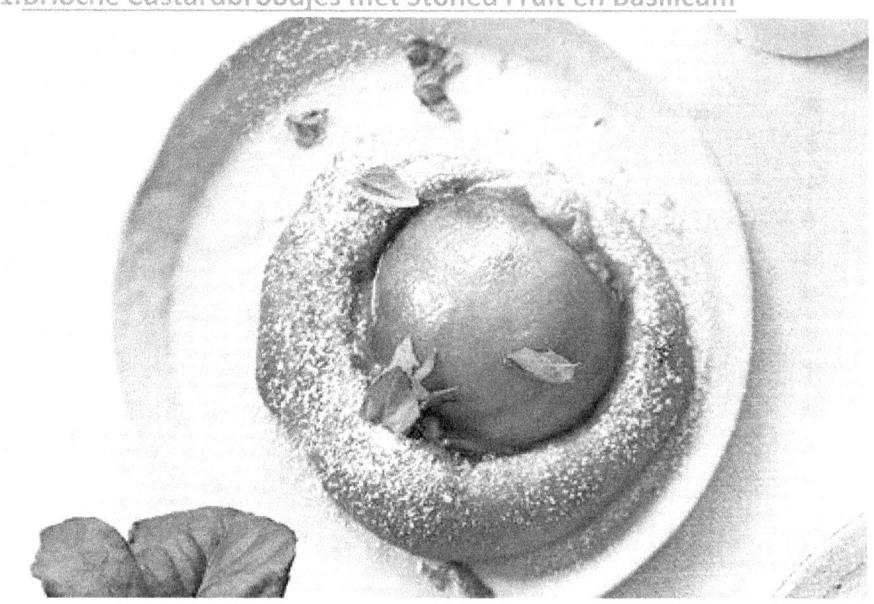

INGREDIËNTEN:
- 250 g bloem (voor de brioche)
- 1 tl fijn zout (voor de brioche)
- 30 g suiker (voor de brioche) + 60 g (voor de crème patissière)
- 7 g gedroogde gist (snelwerkende/snelle gist) (voor de brioche)
- 3 eieren (voor de brioche) + 3 dooiers (voor de crème pâtissière) + 1 ei
- 180 g ongezouten boter, zacht (voor de brioche)
- 1 kopje olie (om in te vetten)
- 250 ml volle melk (voor de crème pâtissière)
- ½ tl vanillebonenpasta of ½ vanillestokje, in tweeën gedeeld en geschraapt (voor de crème patissière)
- 20 g maïzena (voor de crème patissière)
- 4 rijpe pitvruchten, gehalveerd en ontpit (om in elkaar te zetten)
- 2 eetlepels demerarasuiker (om te assembleren)
- ½ bosje basilicum, alleen de blaadjes, half gescheurd (om in elkaar te zetten)
- 1 kopje poedersuiker (om te bestuiven)

INSTRUCTIES:
BRIOCHE DEEGBEREIDING
a) Gebruik een vrijstaande mixer met deeghaak en meng de bloem, het zout en de suiker op lage snelheid.
b) Voeg de gist toe, meng goed, voeg de eieren toe en meng gedurende 10 minuten op medium tot er een los deeg ontstaat.
c) Laat het deeg 5 minuten staan.
d) Voeg zachte boter toe en meng ongeveer 10 minuten op medium, waarbij u regelmatig de zijkanten van de kom schraapt.
e) Verhoog de snelheid iets en blijf ongeveer 15 minuten mixen tot het deeg elastisch wordt.
f) Schep het deeg op een licht geolied oppervlak, vorm het tot een bal en doe het in een grote, licht geoliede kom.

g) Dek af en laat het 1 uur rijzen op kamertemperatuur. Duw iets naar beneden om de lucht te verwijderen, dek af en zet het een nacht in de koelkast.

BEREIDING VAN CRÈME PÂTISSIÈRE

h) Verwarm in een pan de melk met de helft van de suiker en de vanille.
i) Klop de eidooiers los, voeg de resterende suiker toe en zeef de maïzena erdoor; samen kloppen.
j) Giet de kokende melk over het eimengsel en klop voortdurend.
k) Kook op middelhoog vuur, al roerend, gedurende 4-5 minuten tot het ingedikt is. Kook nog een paar minuten en haal dan van het vuur.
l) Doe het in een hittebestendige kom, dek af met huishoudfolie en laat volledig afkoelen.

GESTENEN FRUIT EN BASILICUMASSEMBLAGE

m) Verwarm de oven voor op 200°C/180°C hetelucht/gas 6.
n) Meng het stoned fruit met de suiker en de gescheurde basilicumblaadjes.

BAKKEN

o) Bekleed 2 bakplaten met papier.
p) Kneed het deeg voorzichtig, verdeel het in 7 stukken, vorm er balletjes van, spreid ze uit op de bakplaten en druk ze lichtjes tot schijven.
q) Schep 1 eetlepel crème pat in het midden van elk stuk en leg er een half pitfruit op, met de snijkant naar beneden.
r) Bestrijk het deeg met losgeklopt ei en bak het in 17-20 minuten goudbruin.
s) Laat iets afkoelen, pel de vruchtschilletjes eraf en gooi ze weg. Werk af met basilicumblaadjes en een laagje poedersuiker.

42. Briochebroodjes met chocolade-passievrucht

INGREDIËNTEN:
BRIOCHE:
- 250 g sterk witbroodmeel
- 1/2 theelepel fijn zeezout
- 1 theelepel snelwerkende gedroogde gist
- 20 g kristalsuiker
- Schil van 1 citroen
- 125 ml volle melk
- 1 groot ei + 1 voor het wassen van eieren
- 50 g ongezouten boter, kamertemperatuur

PASSIEVRUCHTEN GEBAKCRÈME:
- 225 ml passievruchtenpuree
- 75 g kristalsuiker
- 20 gram maïzena
- 3 grote eidooiers
- Snufje fijn zeezout
- 20 g ongezouten boter
- 100 ml dubbele room
- 1 theelepel vanillebonenpasta

CHOCOLADE GLAZUUR:
- 50 g melkchocolade (ongeveer 50% cacaobestanddelen)
- 50 ml dubbele room
- 15 ml passievruchtenpuree

INSTRUCTIES:
BEREIDING VAN BRIOCHE:
a) Kook in een kleine boterpan 20 g bloem en 80 ml melk op middelhoog vuur tot er een dikke pasta ontstaat. Opzij zetten.
b) Meng in een keukenmixer de resterende bloem, zout, gist, suiker, citroenschil, resterende melk, ei en het gekookte bloemmengsel.
c) Meng op lage snelheid tot er een ruig deeg ontstaat. Blijf 10-15 minuten mixen tot het deeg elastisch is.
d) Voeg geleidelijk de boter toe, meng tot het volledig is opgenomen en het deeg glad is.
e) Vorm er een bal van, doe deze in een kom, dek af met huishoudfolie en zet een nacht in de koelkast.

PASSIEVRUCHTEN GEBAKCRÈME:
f) Verwarm de passievruchtenpuree met de helft van de suiker in een pan tot het kookt.
g) Meng in een aparte kom de resterende suiker en maïzena. Voeg de eierdooiers en het zout toe en klop tot een gladde massa.
h) Giet de kokende puree over het dooiermengsel en klop om te voorkomen dat het gaat klauteren. Doe terug in de pan en kook tot het dik is.
i) Voeg de boter toe, roer tot alles gemengd is, dek af met huishoudfolie en zet in de koelkast.

BROODJE MONTAGE:
j) Verdeel het briochedeeg op de bakdag in 8 stukken en vorm er broodjes van op een met bakpapier beklede bakplaat. Bewijs tot het verdubbeld is.
k) Verwarm de oven voor op 200ºC (180ºC Hetelucht). Bestrijk de broodjes met eierwas en bak ze in 15-20 minuten goudbruin. Koel.
l) Klop de gekoelde banketbakkersroom tot een gladde massa. Klop in een aparte kom de room en de vanille tot zachte pieken. Combineer met de vla.
m) Vul elk broodje met een spuitzak tot het een beetje zwaar is.
n) Smelt voor het glazuur chocolade en room en klop de passievruchtenpuree erdoor. Doop de broodjes in de ganache en laat opstijven.
o) Versier eventueel met geraspte chocolade, cacaopoeder of gevriesdroogd passievruchtpoeder.
p) Afgedekt zijn de broodjes 2-3 dagen houdbaar. Geniet van de goddelijke combinatie van chocolade en passievrucht!

43. Brioche-krans van gekonfijt fruit en walnoten

INGREDIËNTEN:
- 450 g sterk witbroodmeel
- 1 theelepel zeezout
- 7 g zakje gedroogde gist
- 50 g kristalsuiker
- 100 ml volle melk
- 5 middelgrote eieren
- 190 g boter, in blokjes gesneden en zacht
- 50 g gemengde schil
- 7 g walnoten, gehakt
- 125 g vijgenjam
- 25 g walnoten, gehakt (om te bestrooien)

INSTRUCTIES:
BEREIDING VAN DEEG
a) Doe de bloem in de kom van een keukenmixer voorzien van een deeghaak.
b) Voeg zout aan de ene kant toe en gist en suiker aan de andere kant. Meng alles door elkaar met de deeghaak.
c) Verwarm de melk tot deze warm maar niet te heet is en voeg deze toe aan het bloemmengsel terwijl de mixer op medium draait.
d) Voeg 4 eieren één voor één toe en meng goed na elke toevoeging. Meng gedurende 10 minuten.
e) Voeg geleidelijk de zachte boter toe, een paar blokjes per keer, tot alles gemengd is en het deeg heel zacht is (ongeveer 5 minuten).
f) Schraap de zijkanten naar beneden en voeg gemengde schil en gehakte walnoten toe tot ze gelijkmatig verdeeld zijn.
g) Dek de kom af met huishoudfolie en laat hem op een warme plaats 1½-2 uur rijzen tot hij in volume verdubbeld is. Zet hem daarna 1 uur in de koelkast.

MONTAGE
h) Bekleed een grote bakplaat met bakpapier.
i) Verdeel het deeg in 8 gelijke porties en rol er balletjes van.
j) Plaats de ballen in een cirkel op de bakplaat met een tussenruimte van 1-2 cm tussen elke bal.
k) Dek af met huishoudfolie en laat het 30 minuten rijzen tot het in volume is verdubbeld en de balletjes aan elkaar plakken.

BAKKEN
l) Verwarm de oven voor op 180oC (gasstand 4).
m) Bestrijk de brioche lichtjes met het overgebleven losgeklopte ei.
n) Hak de overige walnoten fijn en strooi over de brioche.
o) Bak gedurende 15-20 minuten tot ze goudbruin zijn.
p) Laat iets afkoelen en serveer de vijgenjam in een kom in het midden van de krans.

44. Bosbessen-citroenbrioche

INGREDIËNTEN:
- 3 1/2 kopjes bloem voor alle doeleinden
- 1/4 kopje suiker
- 1 theelepel zout
- 1 pakje actieve droge gist
- 1/2 kopje warme melk
- 3 grote eieren
- 1/2 kop ongezouten boter, verzacht
- Schil van 1 citroen
- 1 kopje verse of bevroren bosbessen

INSTRUCTIES:
a) Warme melk en gist mengen, laten rijzen.
b) Meng bloem, suiker, zout en citroenschil. Voeg het gistmengsel, de eieren en de zachte boter toe. Kneed tot een gladde massa.
c) Spatel de bosbessen er voorzichtig door.
d) Laat rijzen, vorm er een brood of rol van en laat het opnieuw rijzen.
e) Bak gedurende 25-30 minuten op 190°C.

45. Frambozen-amandelbriochebroodjes

INGREDIËNTEN:
- 4 kopjes broodmeel
- 1/4 kopje suiker
- 1 theelepel zout
- 1 pakje instantgist
- 1 kopje warme melk
- 3 grote eieren
- 1/2 kop ongezouten boter, gesmolten
- 1 kopje verse of bevroren frambozen
- 1/2 kop amandelschijfjes

INSTRUCTIES:
a) Los de gist op in warme melk en laat het 5 minuten staan.
b) Meng bloem, suiker en zout. Voeg het gistmengsel, de eieren en de gesmolten boter toe. Kneed tot een gladde massa.
c) Spatel de frambozen en amandelschijfjes er voorzichtig door.
d) Laat het rijzen, snijd het in porties en doe het in een bakvorm.
e) Laat het opnieuw rijzen en bak het vervolgens 20-25 minuten op 175°C.

46. Perzik Vanille Brioche Twist

INGREDIËNTEN:
- 3 1/4 kopjes bloem voor alle doeleinden
- 1/4 kopje suiker
- 1 theelepel zout
- 1 pakje actieve droge gist
- 1/2 kop warme melk
- 3 grote eieren
- 1/2 kop ongezouten boter, verzacht
- 2 rijpe perziken, in blokjes gesneden
- 1 eetlepel vanille-extract

INSTRUCTIES:
a) Meng warme melk en gist, laat schuimen.
b) Meng bloem, suiker en zout. Voeg het gistmengsel, de eieren, de zachte boter, de in blokjes gesneden perziken en het vanille-extract toe. Kneed tot een gladde massa.
c) Laat het rijzen, verdeel het in twee delen en draai ze samen.
d) Plaats het in een ingevette pan, laat het opnieuw rijzen en bak vervolgens 30-35 minuten op 190°C.

47.Aardbei Roomkaas Brioche Vlecht

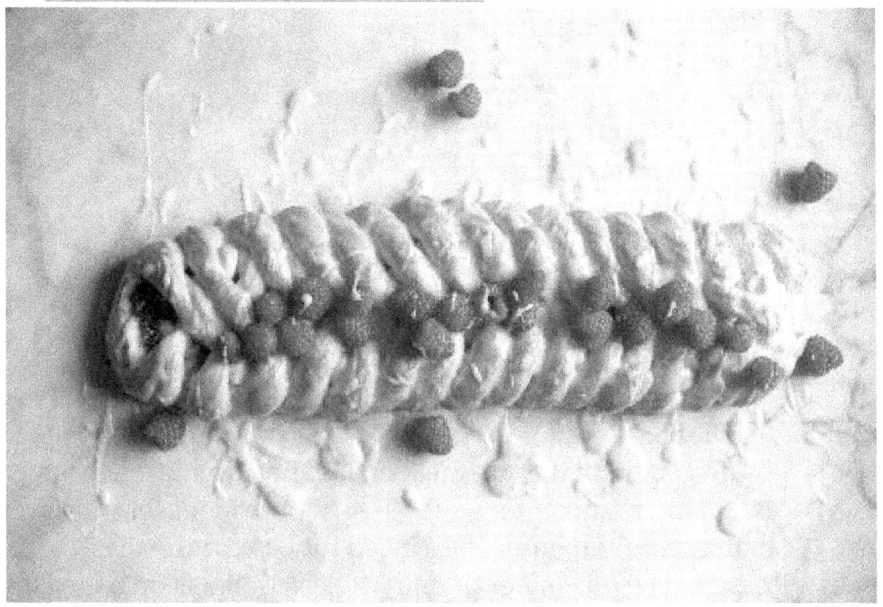

INGREDIËNTEN:
- 4 kopjes broodmeel
- 1/3 kopje suiker
- 1 theelepel zout
- 1 pakje instantgist
- 1 kopje warme melk
- 3 grote eieren
- 1/2 kopje ongezouten boter, gesmolten
- 1 kopje verse aardbeien, in plakjes gesneden
- 4 ons roomkaas, verzacht
- 1/4 kop poedersuiker

INSTRUCTIES:
a) Los de gist op in warme melk en laat het 5 minuten staan.
b) Meng bloem, suiker en zout. Voeg het gistmengsel, de eieren en de gesmolten boter toe. Kneed tot een gladde massa.
c) Rol het deeg uit, smeer er een laagje roomkaas op en leg de in plakjes gesneden aardbeien erop.
d) Vouw het deeg over de vulling, zodat er een vlecht ontstaat.
e) Laat het rijzen en bak het vervolgens 25-30 minuten op 175°C (350°F).

48. Brioche-swirls met kersen-amandel

INGREDIËNTEN:
- 3 1/2 kopjes bloem voor alle doeleinden
- 1/4 kopje suiker
- 1 theelepel zout
- 1 pakje actieve droge gist
- 1/2 kopje warme melk
- 3 grote eieren
- 1/2 kop ongezouten boter, verzacht
- 1 kop verse of bevroren kersen, ontpit en gehalveerd
- 1/2 kopje gesneden amandelen

INSTRUCTIES:
a) Warme melk en gist mengen, laten rijzen.
b) Meng bloem, suiker, zout en voeg het gistmengsel, de eieren en de zachte boter toe. Kneed tot een gladde massa.
c) Voeg voorzichtig kersen en gesneden amandelen toe.
d) Laat het rijzen, rol het deeg uit, verdeel de kersen en amandelen gelijkmatig en rol het tot een blok.
e) Snijd het in porties, doe het in een ingevette pan en laat het opnieuw rijzen.
f) Bak gedurende 25-30 minuten op 190°C.

49. Mango Kokos Brioche Rolletjes

INGREDIËNTEN:
- 4 kopjes broodmeel
- 1/4 kopje suiker
- 1 theelepel zout
- 1 pakje instantgist
- 1 kopje warme kokosmelk
- 3 grote eieren
- 1/2 kopje ongezouten boter, gesmolten
- 1 kop verse mango, in blokjes gesneden
- 1/2 kop geraspte kokosnoot

INSTRUCTIES:
a) Los de gist op in warme kokosmelk en laat het 5 minuten staan.
b) Meng bloem, suiker en zout. Voeg het gistmengsel, de eieren en de gesmolten boter toe. Kneed tot een gladde massa.
c) Voeg voorzichtig de in blokjes gesneden mango en geraspte kokos toe.
d) Laat het rijzen, snijd het in porties en doe het in een bakvorm.
e) Laat het opnieuw rijzen en bak het vervolgens 20-25 minuten op 175°C.

50.Brioche met bramen-citroen-cheesecake

INGREDIËNTEN:
- 3 1/4 kopjes bloem voor alle doeleinden
- 1/4 kopje suiker
- 1 theelepel zout
- 1 pakje actieve droge gist
- 1/2 kopje warme melk
- 3 grote eieren
- 1/2 kopje ongezouten boter, verzacht
- 1 kopje verse bramen
- 4 ons roomkaas, verzacht
- Schil van 1 citroen

INSTRUCTIES:
a) Meng warme melk en gist, laat schuimen.
b) Meng bloem, suiker en zout. Voeg het gistmengsel, de eieren, zachte boter, roomkaas en citroenschil toe. Kneed tot een gladde massa.
c) Spatel de bramen er voorzichtig door.
d) Laat rijzen, vorm er een brood van en laat het weer rijzen.
e) Bak gedurende 30-35 minuten op 190°C.

51. Citrus Kiwi Brioche-krans

INGREDIËNTEN:
- 4 kopjes broodmeel
- 1/3 kopje suiker
- 1 theelepel zout
- 1 pakje instantgist
- 1 kop warm sinaasappelsap
- 3 grote eieren
- 1/2 kop ongezouten boter, gesmolten
- Schil van 1 sinaasappel
- 2 kiwi's, geschild en in plakjes gesneden

INSTRUCTIES:
a) Los de gist op in warm sinaasappelsap en laat het 5 minuten staan.
b) Meng bloem, suiker en zout. Voeg het gistmengsel, de eieren, de gesmolten boter en de sinaasappelschil toe. Kneed tot een gladde massa.
c) Laat het rijzen, rol het deeg uit en vorm het tot een krans.
d) Leg de plakjes kiwi erop, laat het opnieuw rijzen en bak vervolgens 30-35 minuten op 190°C.

VEGGIE BRIOCHE

52. Brioches de pommes de terre

INGREDIËNTEN:
- 1½ pond Aardappelen koken, geschild en in vieren gesneden
- 4 eetlepels ongezouten boter, in blokjes, op kamertemperatuur
- 3 grote eidooiers
- ½ theelepel zout
- Witte peper naar smaak
- 1 theelepel melk
- 8 Goed beboterde miniatuurbriochevormpjes, gekoeld

INSTRUCTIES:
a) Bedek de aardappelen in een ketel met koud water en breng gezouten water aan de kook. Laat de aardappelen 12 tot 15 minuten sudderen, of tot ze gaar zijn. Giet de aardappelen af en doe ze door een rijstkoker in een kom.
b) Roer de boter, 2 eidooiers, zout en de witte peper erdoor en laat het mengsel minimaal 20 minuten of maximaal 2 uur afkoelen.
c) Verwarm de oven voor op 425 graden F.
d) Breng ¼ kopje van het mengsel over op een licht met bloem bestoven oppervlak, knijp met licht met bloem bestoven handen een stuk ter grootte van een knikker af en bewaar dit. Rol het grotere deel tot een gladde bal en laat het voorzichtig in een van de gekoelde vormen vallen. Maak voorzichtig een ondiepe inkeping in de bovenkant van de bal, vorm het gereserveerde gedeelte ter grootte van een marmer tot een gladde bal en plaats deze voorzichtig in de inkeping.
e) Meng in een kleine kom het laatste eigeel met de melk en bestrijk de brioches met het eierwater. Zorg ervoor dat het niet langs de zijkant van de vorm valt. Bak op een bakplaat gedurende 25 tot 30 minuten, of tot ze goudbruin zijn. Laat ze 20 minuten afkoelen op een rooster.
f) Maak de randen los met een metalen spies, keer ze om en verwijder ze voorzichtig uit de vormen.
g) Ze kunnen een dag van tevoren worden gemaakt. Bewaar gekoeld en afgedekt en verwarm opnieuw op 400 graden F. gedurende 15 minuten.

53.Met spinazie en feta gevulde briochebroodjes

INGREDIËNTEN:
- 3 1/2 kopjes bloem voor alle doeleinden
- 1/4 kopje suiker
- 1 theelepel zout
- 1 pakje actieve droge gist
- 1/2 kopje warme melk
- 3 grote eieren
- 1/2 kopje ongezouten boter, verzacht
- 1 kopje verse spinazie, gehakt
- 1/2 kopje verkruimelde fetakaas

INSTRUCTIES:
a) Warme melk en gist mengen, laten rijzen.
b) Meng bloem, suiker en zout. Voeg het gistmengsel, de eieren en de zachte boter toe. Kneed tot een gladde massa.
c) Voeg voorzichtig de gehakte spinazie en fetakaas toe.
d) Laat het rijzen, vorm er rolletjes van en plaats ze in een bakvorm.
e) Laat het opnieuw rijzen en bak het vervolgens 20-25 minuten op 190°C.

54. Geroosterde Briochetaart met Rode Paprika en Geitenkaas

INGREDIËNTEN:
- 4 kopjes broodmeel
- 1/4 kopje suiker
- 1 theelepel zout
- 1 pakje instantgist
- 1 kopje warm water
- 3 grote eieren
- 1/2 kop ongezouten boter, gesmolten
- 1 kopje geroosterde rode paprika, in blokjes gesneden
- 1/2 kopje verkruimelde geitenkaas

INSTRUCTIES:
a) Los de gist op in warm water en laat het 5 minuten staan.
b) Meng bloem, suiker en zout. Voeg het gistmengsel, de eieren en de gesmolten boter toe. Kneed tot een gladde massa.
c) Voeg voorzichtig de in blokjes gesneden geroosterde rode paprika en geitenkaas toe.
d) Laat het rijzen, rol het deeg uit en doe het in een taartvorm.
e) Laat het opnieuw rijzen en bak het vervolgens 25-30 minuten op 175°C.

55. Briochevlecht met champignons en Zwitserse kaas

INGREDIËNTEN:
- 3 1/4 kopjes bloem voor alle doeleinden
- 1/4 kopje suiker
- 1 theelepel zout
- 1 pakje actieve droge gist
- 1/2 kopje warme melk
- 3 grote eieren
- 1/2 kop ongezouten boter, verzacht
- 1 kopje champignons, fijngehakt
- 1 kopje geraspte Zwitserse kaas

INSTRUCTIES:
a) Meng warme melk en gist, laat schuimen.
b) Meng bloem, suiker en zout. Voeg het gistmengsel, de eieren en de zachte boter toe. Kneed tot een gladde massa.
c) Voeg voorzichtig gehakte champignons en geraspte Zwitserse kaas toe.
d) Laat rijzen, verdeel in porties en vlecht de stukken.
e) Leg het op een bakplaat, laat het opnieuw rijzen en bak het vervolgens 25-30 minuten op 190°C.

56.Courgette en Parmezaanse Brioche Focaccia

INGREDIËNTEN:
- 4 kopjes broodmeel
- 1/3 kopje suiker
- 1 theelepel zout
- 1 pakje instantgist
- 1 kopje warm water
- 3 grote eieren
- 1/2 kop ongezouten boter, gesmolten
- 1 kopje geraspte courgette
- 1/2 kop geraspte Parmezaanse kaas

INSTRUCTIES:
a) Los de gist op in warm water en laat het 5 minuten staan.
b) Meng bloem, suiker en zout. Voeg het gistmengsel, de eieren en de gesmolten boter toe. Kneed tot een gladde massa.
c) Spatel voorzichtig de geraspte courgette en Parmezaanse kaas erdoor.
d) Laat rijzen, verdeel het deeg in een bakvorm tot een focaccia-vorm.
e) Laat het opnieuw rijzen en bak het vervolgens 25-30 minuten op 175°C.

57. Briochebroodjes met zongedroogde tomaten en basilicum

INGREDIËNTEN:
- 3 1/2 kopjes bloem voor alle doeleinden
- 1/4 kopje suiker
- 1 theelepel zout
- 1 pakje actieve droge gist
- 1/2 kopje warme melk
- 3 grote eieren
- 1/2 kopje ongezouten boter, verzacht
- 1/2 kopje zongedroogde tomaten, gehakt
- 1/4 kop verse basilicum, fijngehakt

INSTRUCTIES:
a) Warme melk en gist mengen, laten rijzen.
b) Meng bloem, suiker en zout. Voeg het gistmengsel, de eieren en de zachte boter toe. Kneed tot een gladde massa.
c) Voeg voorzichtig de gehakte zongedroogde tomaten en verse basilicum toe.
d) Laat het rijzen, vorm er rolletjes van en plaats ze in een bakvorm.
e) Laat het opnieuw rijzen en bak het vervolgens 20-25 minuten op 190°C.

58. Broccoli en Cheddar gevulde briochebroodjes

INGREDIËNTEN:
- 4 kopjes broodmeel
- 1/4 kopje suiker
- 1 theelepel zout
- 1 pakje instantgist
- 1 kopje warm water
- 3 grote eieren
- 1/2 kop ongezouten boter, gesmolten
- 1 kopje broccoliroosjes, gestoomd en gehakt
- 1 kopje geraspte cheddarkaas

INSTRUCTIES:
a) Los de gist op in warm water en laat het 5 minuten staan.
b) Meng bloem, suiker en zout. Voeg het gistmengsel, de eieren en de gesmolten boter toe. Kneed tot een gladde massa.
c) Voeg voorzichtig gestoomde en gehakte broccoli en geraspte cheddar toe.
d) Laat rijzen, vorm er broodjes van en leg ze op een bakplaat.
e) Laat het opnieuw rijzen en bak het vervolgens 25-30 minuten op 175°C.

59. Gekarameliseerde ui en Gruyère-briochetaart

INGREDIËNTEN:
- 3 1/4 kopjes bloem voor alle doeleinden
- 1/4 kopje suiker
- 1 theelepel zout
- 1 pakje actieve droge gist
- 1/2 kop warme melk
- 3 grote eieren
- 1/2 kopje ongezouten boter, verzacht
- 2 grote uien, in dunne plakjes gesneden en gekaramelliseerd
- 1 kopje geraspte Gruyère-kaas

INSTRUCTIES:
a) Meng warme melk en gist, laat schuimen.
b) Meng bloem, suiker en zout. Voeg het gistmengsel, de eieren en de zachte boter toe. Kneed tot een gladde massa.
c) Voeg voorzichtig gekarameliseerde uien en geraspte Gruyère-kaas toe.
d) Laat het rijzen, rol het deeg uit en doe het in een taartvorm.
e) Laat het opnieuw rijzen en bak het vervolgens 30-35 minuten op 190°C.

60. Artisjok en Pesto Brioche Pinwheels

INGREDIËNTEN:
- 4 kopjes broodmeel
- 1/3 kopje suiker
- 1 theelepel zout
- 1 pakje instantgist
- 1 kopje warm water
- 3 grote eieren
- 1/2 kopje ongezouten boter, gesmolten
- 1 kopje gemarineerde artisjokharten, gehakt
- 1/4 kop pestosaus

INSTRUCTIES:
a) Los de gist op in warm water en laat het 5 minuten staan.
b) Meng bloem, suiker en zout. Voeg het gistmengsel, de eieren en de gesmolten boter toe. Kneed tot een gladde massa.
c) Spatel voorzichtig de gehakte gemarineerde artisjokharten en pestosaus erdoor.
d) Laat het rijzen, rol het deeg uit, verdeel de pesto en de artisjokken gelijkmatig en rol het tot een blok.
e) Snijd het in vuurraderen, leg het op een bakplaat en laat het opnieuw rijzen.
f) Bak gedurende 20-25 minuten op 175°C.

KAASKE BRIOCHE

61.Kaasbrioche

INGREDIËNTEN:
- 1 kopje water
- 2 ons margarine
- 1 theelepel zout
- 1 theelepel cayennepeper
- 1 kopje ongebleekte witte bloem, gezeefd
- 3 eieren
- 3 ons gruyère-kaas, in fijne blokjes gesneden

INSTRUCTIES:

a) Verwarm de oven voor op 375 F. Breng in een pan van 1 liter op een laag vuur water, margarine, zout en cayennepeper aan de kook. Wanneer de margarine smelt, zet je het vuur lager. Voeg bloem toe. Het deeg zal een bal vormen.

b) Roer de bal voortdurend met een houten lepel gedurende 2 tot 3 minuten.

c) Schraap regelmatig de bodem van de pan om te voorkomen dat het deeg blijft plakken. Haal van het vuur en doe het deeg in een grote mengkom. Verdeel het deeg in de kom en laat het 10 minuten afkoelen.

d) Omdat uw handen snel erg plakkerig worden, plaatst u een grote bakplaat in de buurt van de kom voordat u met de volgende stap begint.

e) Als het deeg voldoende is afgekoeld zodat de eieren niet in het deeg koken, voeg dan alle eieren toe aan het deeg. Pureer met de hand tot de eieren volledig gemengd zijn. Voeg kaas toe en meng grondig.

f) Plaats de deegbal in het midden van de niet-ingevette bakplaat. Verdeel het deeg vanuit het midden tot een ovale ring van 5 x 8 inch.

62. Kaas-peerbrioche

INGREDIËNTEN:
VOOR DEEG:
- 1/5 kopje melk
- 5 eieren
- ⅓ kopje suiker
- 3½ kopjes bloem voor alle doeleinden
- 1½ theelepel actieve droge gist ½ theelepel zout
- Na het piepen:
- 1 kopje bevroren boter, in blokjes gesneden

VULLING:
- 1 peer
- 1 ⅓ kopjes roomkaas

VOOR GLAZEN:
- 1 ei

INSTRUCTIES:
a) Kneed het deeg in een broodmachine. Haal het eruit, wikkel het in keukenfolie en zet het een nacht in de koelkast.
b) Voordat u de broodjes gaat bereiden, legt u het deeg gedurende 1 uur op een warme plaats.
c) Snijd het deeg daarna in 12 gelijke delen. Knijp een klein stukje deeg van elk deel af.
d) Vorm de grote en kleine deegstukken tot bollen.
e) Plaats de grote bollen in beboterde cupcake bakvormpjes en druk met je vinger tegen het midden van de bovenkant om een beetje verdieping te creëren.
f) Schil 1 peer, snij deze fijn en meng met zachte kaas. Maak een verdieping in de grote deegbol, doe de vulling in de verdieping en bedek deze met de kleine bol.
g) Dek af met een handdoek en laat 1 uur rusten en rijzen.
h) Verwarm de oven voor op 350 graden F (180 graden C).
i) Bestrijk het oppervlak van uw brioches met een losgeklopt ei.
j) Bak in de voorverwarmde oven gedurende 15-20 minuten goudbruin.
k) Laat de brioche afkoelen op het rooster.

63. Brioche van zongedroogde tomaten en mozzarella

INGREDIËNTEN:
- 1/2 kopje melk
- 5 eieren
- 1/3 kopje suiker
- 3 1/2 kopjes bloem voor alle doeleinden
- 1 1/2 theelepel actieve droge gist
- 1/2 theelepel zout
- 1 kop geraspte mozzarellakaas
- 1/2 kopje zongedroogde tomaten (gehakt)
- 1 theelepel gedroogde oregano
- 1 kopje bevroren boter, in blokjes gesneden
- 1 ei (voor glazuur)

INSTRUCTIES:
a) Meng in een broodmachine melk, eieren, suiker, bloem, gist en zout.
b) Voeg na het eerste kneden de in blokjes gesneden bevroren boter toe. Laat de broodmachine de deegcyclus voltooien.
c) Haal het deeg eruit, wikkel het in keukenfolie en zet het een nacht in de koelkast.
d) Laat het deeg vóór het bakken 1 uur op een warme plaats rusten. Verdeel in 12 delen.
e) Vorm grote porties deeg tot bollen en plaats deze in beboterde cupcake-bakvormpjes.
f) Druk op het midden van elke grote bol om een verdieping te creëren.
g) Meng geraspte mozzarella met gehakte zongedroogde tomaten en gedroogde oregano.
h) Vul de verdieping van elke deegbol met het mengsel van mozzarella, zongedroogde tomaat en oregano.
i) Dek af met een handdoek en laat nog een uur rusten om te rijzen.
j) Verwarm de oven voor op 180 °C.
k) Klop een ei los en bestrijk het oppervlak van elke brioche met de eierwas.
l) Bak gedurende 15-20 minuten of tot ze goudbruin zijn.
m) Laat de zongedroogde tomaat en mozzarellabrioche afkoelen op een rooster.

64. Parmezaanse kaas en knoflookbriocheknopen

INGREDIËNTEN:
- 1/2 kopje melk
- 5 eieren
- 1/3 kopje suiker
- 3 1/2 kopjes bloem voor alle doeleinden
- 1 1/2 theelepel actieve droge gist
- 1/2 theelepel zout
- 1 kop geraspte Parmezaanse kaas
- 3 teentjes knoflook (gehakt)
- 2 eetlepels verse peterselie (gehakt)
- 1 kopje bevroren boter, in blokjes gesneden
- 1 ei (voor glazuur)

INSTRUCTIES:
a) Meng in een broodmachine melk, eieren, suiker, bloem, gist en zout.
b) Voeg na het eerste kneden de in blokjes gesneden bevroren boter toe. Laat de broodmachine de deegcyclus voltooien.
c) Haal het deeg eruit, wikkel het in keukenfolie en zet het een nacht in de koelkast.
d) Laat het deeg vóór het bakken 1 uur op een warme plaats rusten. Verdeel in 12 delen.
e) Vorm van elke portie knopen voor een unieke twist en plaats ze op een bakplaat.
f) Meng in een kom geraspte Parmezaanse kaas, gehakte knoflook en gehakte verse peterselie.
g) Rol elke knoop door het mengsel van Parmezaanse kaas, knoflook en peterselie en zorg ervoor dat ze goed bedekt zijn.
h) Dek af met een handdoek en laat nog een uur rusten om te rijzen.
i) Verwarm de oven voor op 180 °C.
j) Klop een ei los en bestrijk het oppervlak van elke briocheknoop met de eierwas.
k) Bak gedurende 15-20 minuten of tot ze goudbruin zijn.
l) Koel de Parmezaanse kaas en knoflookbriocheknopen op een rooster.

65. Bacon en Cheddar gevulde brioche

INGREDIËNTEN:
- 1/2 kopje melk
- 5 eieren
- 1/3 kopje suiker
- 3 1/2 kopjes bloem voor alle doeleinden
- 1 1/2 theelepel actieve droge gist
- 1/2 theelepel zout
- 1 kopje gekookt en verkruimeld spek
- 1 kopje geraspte cheddarkaas
- 1 kopje bevroren boter, in blokjes gesneden
- 1 ei (voor glazuur)

INSTRUCTIES:
a) Meng in een broodmachine melk, eieren, suiker, bloem, gist en zout.
b) Voeg na het eerste kneden de in blokjes gesneden bevroren boter toe. Laat de broodmachine de deegcyclus voltooien.
c) Haal het deeg eruit, wikkel het in keukenfolie en zet het een nacht in de koelkast.
d) Laat het deeg vóór het bakken 1 uur op een warme plaats rusten. Verdeel in 12 delen.
e) Vorm grote porties deeg tot bollen en plaats deze in beboterde cupcake-bakvormpjes.
f) Druk op het midden van elke grote bol om een verdieping te creëren.
g) Meng gekookt en verkruimeld spek met geraspte cheddar.
h) Vul de verdieping van elke deegbol met het spek-cheddarmengsel.
i) Dek af met een handdoek en laat nog een uur rusten om te rijzen.
j) Verwarm de oven voor op 180 °C.
k) Klop een ei los en bestrijk het oppervlak van elke brioche met de eierwas.
l) Bak gedurende 15-20 minuten of tot ze goudbruin zijn.
m) Laat de met spek en cheddar gevulde brioche afkoelen op een rooster.

66.Jalapeño en Pepper Jack Brioche Rolls

INGREDIËNTEN:
- 1/2 kopje melk
- 5 eieren
- 1/3 kopje suiker
- 3 1/2 kopjes bloem voor alle doeleinden
- 1 1/2 theelepel actieve droge gist
- 1/2 theelepel zout
- 1 kopje geraspte Pepper Jack-kaas
- 1/2 kop ingelegde jalapeños (gehakt)
- 1 kopje bevroren boter, in blokjes gesneden
- 1 ei (voor glazuur)

INSTRUCTIES:
a) Meng in een broodmachine melk, eieren, suiker, bloem, gist en zout.
b) Voeg na het eerste kneden de in blokjes gesneden bevroren boter toe. Laat de broodmachine de deegcyclus voltooien.
c) Haal het deeg eruit, wikkel het in keukenfolie en zet het een nacht in de koelkast.
d) Laat het deeg vóór het bakken 1 uur op een warme plaats rusten. Verdeel in 12 delen.
e) Vorm grote porties deeg tot bollen en plaats deze in beboterde cupcake-bakvormpjes.
f) Druk op het midden van elke grote bol om een verdieping te creëren.
g) Meng geraspte Pepper Jack-kaas met gehakte ingelegde jalapeños.
h) Vul de verdieping van elke deegbol met het jalapeño-kaasmengsel.
i) Dek af met een handdoek en laat nog een uur rusten om te rijzen.
j) Verwarm de oven voor op 180 °C.
k) Klop een ei los en bestrijk het oppervlak van elke brioche met de eierwas.
l) Bak gedurende 15-20 minuten of tot ze goudbruin zijn.
m) Laat de Jalapeño en Pepper Jack Brioche Rolls afkoelen op een rooster.

67. Gouda en Kruidenbrioche

INGREDIËNTEN:
- 1/2 kopje melk
- 5 eieren
- 1/3 kopje suiker
- 3 1/2 kopjes bloem voor alle doeleinden
- 1 1/2 theelepel actieve droge gist
- 1/2 theelepel zout
- 1 kopje geraspte Goudse kaas
- 1 kopje bevroren boter, in blokjes gesneden
- 1 ei (voor glazuur)
- 1 eetlepel gemengde kruiden

INSTRUCTIES:
a) Meng in een broodmachine melk, eieren, suiker, bloem, gist en zout.
b) Voeg na het eerste kneden de in blokjes gesneden bevroren boter toe. Laat de broodmachine de deegcyclus voltooien.
c) Haal het deeg eruit, wikkel het in keukenfolie en zet het een nacht in de koelkast.
d) Laat het deeg vóór het bakken 1 uur op een warme plaats rusten. Verdeel in 12 delen.
e) Vorm grote porties deeg tot bollen en plaats deze in beboterde cupcake-bakvormpjes.
f) Druk op het midden van elke grote bol om een verdieping te creëren.
g) Meng geraspte Gouda met gemengde kruiden en vul de verdieping met het mengsel.
h) Dek af met een handdoek en laat nog een uur rusten om te rijzen.
i) Verwarm de oven voor op 180 °C.
j) Bestrijk het oppervlak van elke brioche met een losgeklopt ei.
k) Bak gedurende 15-20 minuten of tot ze goudbruin zijn.
l) Laat de brioche afkoelen op een rooster.

68.Brioche van blauwe kaas en walnoten

INGREDIËNTEN:
- 1/2 kopje melk
- 5 eieren
- 1/3 kopje suiker
- 3 1/2 kopjes bloem voor alle doeleinden
- 1 1/2 theelepel actieve droge gist
- 1/2 theelepel zout
- 1 kopje blauwe kaas
- 1 kopje bevroren boter, in blokjes gesneden
- 1 kop gehakte walnoten
- 1 ei (voor glazuur)

INSTRUCTIES:
a) Meng in een broodmachine melk, eieren, suiker, bloem, gist en zout.
b) Voeg na het eerste kneden de in blokjes gesneden bevroren boter toe. Laat de broodmachine de deegcyclus voltooien.
c) Haal het deeg eruit, wikkel het in keukenfolie en zet het een nacht in de koelkast.
d) Laat het deeg vóór het bakken 1 uur op een warme plaats rusten. Verdeel in 12 delen.
e) Vorm grote porties deeg tot bollen en plaats deze in beboterde cupcake-bakvormpjes.
f) Druk op het midden van elke grote bol om een verdieping te creëren.
g) Verkruimel de blauwe kaas en meng deze met gehakte walnoten.
h) Vul de verdieping van elke deegbol met het blauwe kaas-walnotenmengsel.
i) Dek af met een handdoek en laat nog een uur rusten om te rijzen.
j) Verwarm de oven voor op 180 °C.
k) Klop een ei los en bestrijk het oppervlak van elke brioche met de eierwas.
l) Bak gedurende 15-20 minuten of tot ze goudbruin zijn.
m) Laat de brioche met blauwe kaas en walnoten afkoelen op een rooster.

NOOTACHTIGE BRIOCHE

69.Zoete brioche met rozijnen en amandel

INGREDIËNTEN:
- 1 ons verse gist
- 4 ons melk; gekookt en afgekoeld tot lauw
- ½ ounce Fijn zout
- 18 ons bloem
- 6 eieren
- 12 ons boter
- 3 ons suiker
- 7 ons rozijnen
- 3 eetlepels Rum
- 4 ons Hele amandelen; gevild en zeer licht geroosterd
- 1 Eigeel gemengd met:
- 1 eetlepel melk
- Boter voor de vorm
- Poedersuiker (poedersuiker) om te bestuiven

INSTRUCTIES:
a) Doe de gist en de melk in de kom van je mixer en klop lichtjes. Voeg het zout toe, daarna de bloem en de eieren. Zet de mixer op gemiddelde snelheid en kneed het mengsel ongeveer 10 minuten met de deeghaak tot het deeg glad, elastisch en voldoende body is.
b) Meng de boter en de suiker, zet de snelheid van de mixer laag en voeg het botermengsel beetje bij beetje toe aan het deeg, terwijl u het deeg continu bewerkt.
c) Wanneer alle boter is opgenomen, verhoogt u de snelheid en mengt u 8 tot 10 minuten in de mixer of ongeveer 15 minuten met de hand, tot het deeg zeer glad en glanzend is. Het moet soepel en redelijk elastisch zijn en loskomen van de zijkanten van de kom.
d) Bedek het deeg met een bakplaat en laat het 2 uur op een warme plaats (ongeveer 75F) staan, totdat het in volume is verdubbeld.
e) Sla het deeg terug door er niet vaker dan 2 of 3 keer met uw vuist op te slaan. Bedek het met een bakplaat en zet het minimaal 4 uur in de koelkast, maar niet langer dan 24 uur.
f) Bereiding, rozijnen: Doe de rozijnen in een kom met de rum, dek af met huishoudfolie en laat enkele uren macereren.

GIETEN:

g) Beboter de vorm rijkelijk en plaats een derde van de amandelen op de bodem van de randen.
h) Rol het gekoelde deeg op een licht met bloem bestoven oppervlak uit tot een smalle rechthoek, lang genoeg om de bodem van de vorm te bekleden.
i) Hak de overige amandelen fijn en strooi deze samen met de in rum gedrenkte rozijnen over het deeg.
j) Rol het deeg uit tot een dikke worstvorm en druk het stevig tegen elkaar aan. Schik het rond de bodem van de vorm en druk lichtjes aan.
k) Sluit de twee randen samen met een heel klein beetje eigeel-melkmengsel. Op een warme plaats laten staan. ongeveer 77F gedurende ongeveer 2½ uur, totdat het deeg is gerezen tot driekwart de vorm vult.
l) Verwarm de oven voor op 425F.
m) Bak de brioche in de voorverwarmde oven gedurende 10 minuten, verlaag vervolgens de temperatuur naar 400F en bak nog eens 35 minuten. Als het tegen het einde te bruin wordt, bedek het dan met bakpapier.
n) Keer de hete brioche om op een rooster, verwijder voorzichtig de vorm en zet hem 5 minuten terug in de oven, zodat het midden gaar is en licht gekleurd wordt. Laat minimaal 2 uur afkoelen voordat u het serveert.
o) Serveren: Bestrooi lichtjes met poedersuiker.

70. Nootachtige pecannoten-karamelbrioche

INGREDIËNTEN:
- 1/2 kopje melk
- 5 eieren
- 1/3 kopje suiker
- 3 1/2 kopjes bloem voor alle doeleinden
- 1 1/2 theelepel actieve droge gist
- 1/2 theelepel zout
- 1 kopje gehakte pecannoten
- 1 kopje bevroren boter, in blokjes gesneden
- 1/2 kopje karamelsaus
- 1 ei (voor glazuur)

INSTRUCTIES:
a) Meng in een broodmachine melk, eieren, suiker, bloem, gist en zout.
b) Voeg na het eerste kneden de in blokjes gesneden bevroren boter toe.
c) Laat de broodmachine de deegcyclus voltooien.
d) Haal het deeg eruit, wikkel het in keukenfolie en zet het een nacht in de koelkast.
e) Laat het deeg vóór het bakken 1 uur op een warme plaats rusten.
f) Verdeel het deeg in 12 gelijke delen.
g) Vorm grote porties deeg tot bollen en plaats deze in beboterde cupcake-bakvormpjes.
h) Meng de gehakte pecannoten door het deeg.
i) Vorm het deeg in 12 porties en plaats ze in beboterde cupcake bakvormpjes.
j) Druk op het midden van elke grote bol om een verdieping te creëren.
k) Vul de verdieping met een scheutje karamelsaus.
l) Dek af met een handdoek en laat nog een uur rusten om te rijzen.
m) Verwarm de oven voor op 180 °C.
n) Klop een ei los en bestrijk het oppervlak van elke brioche met de eierwas.
o) Bak gedurende 15-20 minuten of tot ze goudbruin zijn.
p) Laat de Nutty Pecan Caramel Brioche afkoelen op een rooster.

71. Briochebroodjes met amandel en honing

INGREDIËNTEN:
- 1/2 kopje melk
- 5 eieren
- 1/3 kopje suiker
- 3 1/2 kopjes bloem voor alle doeleinden
- 1 1/2 theelepel actieve droge gist
- 1/2 theelepel zout
- 1 kopje gesneden amandelen
- 1 kopje bevroren boter, in blokjes gesneden
- 1/4 kopje honing
- 1 ei (voor glazuur)

INSTRUCTIES:
a) Meng in een broodmachine melk, eieren, suiker, bloem, gist en zout.
b) Voeg na het eerste kneden de in blokjes gesneden bevroren boter toe.
c) Laat de broodmachine de deegcyclus voltooien.
d) Haal het deeg eruit, wikkel het in keukenfolie en zet het een nacht in de koelkast.
e) Laat het deeg vóór het bakken 1 uur op een warme plaats rusten.
f) Verdeel het deeg in 12 gelijke delen.
g) Vorm grote porties deeg tot bollen en plaats deze in beboterde cupcake-bakvormpjes.
h) Meng de gesneden amandelen door het deeg.
i) Vorm het deeg in 12 porties en plaats ze in beboterde cupcake bakvormpjes.
j) Druk op het midden van elke grote bol om een verdieping te creëren.
k) Druppel een beetje honing in de verdieping van elke brioche.
l) Dek af met een handdoek en laat nog een uur rusten om te rijzen.
m) Verwarm de oven voor op 180 °C.
n) Klop een ei los en bestrijk het oppervlak van elke brioche met de eierwas.
o) Bak gedurende 15-20 minuten of tot ze goudbruin zijn.
p) Laat de briochebroodjes met amandel en honing afkoelen op een rooster.

72. Walnoot- en ahornsiroopbriocheknopen

INGREDIËNTEN:
- 1/2 kopje melk
- 5 eieren
- 1/3 kopje suiker
- 3 1/2 kopjes bloem voor alle doeleinden
- 1 1/2 theelepel actieve droge gist
- 1/2 theelepel zout
- 1 kop gehakte walnoten
- 1 kopje bevroren boter, in blokjes gesneden
- 1/2 kopje ahornsiroop
- 1 ei (voor glazuur)

INSTRUCTIES:
a) Meng in een broodmachine melk, eieren, suiker, bloem, gist en zout.
b) Voeg na het eerste kneden de in blokjes gesneden bevroren boter toe.
c) Laat de broodmachine de deegcyclus voltooien.
d) Haal het deeg eruit, wikkel het in keukenfolie en zet het een nacht in de koelkast.
e) Laat het deeg vóór het bakken 1 uur op een warme plaats rusten.
f) Verdeel het deeg in 12 gelijke delen.
g) Vorm grote porties deeg tot bollen en plaats deze in beboterde cupcake-bakvormpjes.
h) Meng de gehakte walnoten door het deeg.
i) Vorm knopen van het deeg en leg ze op een bakplaat.
j) Druppel ahornsiroop over elke briocheknoop.
k) Dek af met een handdoek en laat nog een uur rusten om te rijzen.
l) Verwarm de oven voor op 180 °C.
m) Klop een ei los en bestrijk het oppervlak van elke briocheknoop met de eierwas.
n) Bak gedurende 15-20 minuten of tot ze goudbruin zijn.
o) Koel de briocheknopen van walnoot en ahornsiroop op een rooster.

73. Hazelnoot Chocoladeschilfer Brioche Swirls

INGREDIËNTEN:
- 1/2 kopje melk
- 5 eieren
- 1/3 kopje suiker
- 3 1/2 kopjes bloem voor alle doeleinden
- 1 1/2 theelepel actieve droge gist
- 1/2 theelepel zout
- 1 kop gehakte hazelnoten
- 1 kopje bevroren boter, in blokjes gesneden
- 1/2 kop chocoladestukjes
- 1 ei (voor glazuur)

INSTRUCTIES:
a) Meng in een broodmachine melk, eieren, suiker, bloem, gist en zout.
b) Voeg na het eerste kneden de in blokjes gesneden bevroren boter toe.
c) Laat de broodmachine de deegcyclus voltooien.
d) Haal het deeg eruit, wikkel het in keukenfolie en zet het een nacht in de koelkast.
e) Laat het deeg vóór het bakken 1 uur op een warme plaats rusten.
f) Verdeel het deeg in 12 gelijke delen.
g) Vorm grote porties deeg tot bollen en plaats deze in beboterde cupcake-bakvormpjes.
h) Meng gehakte hazelnoten en chocoladestukjes door het deeg.
i) Rol het deeg uit tot een rechthoek en strooi het noten-chocolademengsel gelijkmatig.
j) Rol het deeg uit tot een blok en snijd het in 12 rondjes.
k) Plaats de rondjes in beboterde cupcake-bakvormpjes.
l) Dek af met een handdoek en laat nog een uur rusten om te rijzen.
m) Verwarm de oven voor op 180 °C.
n) Klop een ei los en bestrijk het oppervlak van elke brioche-swirl met de eierwas.
o) Bak gedurende 15-20 minuten of tot ze goudbruin zijn.
p) Laat de Hazelnoot Chocolate Chip Brioche Swirls afkoelen op een rooster.

74. Brioche met cashewnoten en sinaasappelschil

INGREDIËNTEN:
- 1/2 kopje melk
- 5 eieren
- 1/3 kopje suiker
- 3 1/2 kopjes bloem voor alle doeleinden
- 1 1/2 theelepel actieve droge gist
- 1/2 theelepel zout
- 1 kop gehakte cashewnoten
- 1 kopje bevroren boter, in blokjes gesneden
- Schil van 2 sinaasappels
- 1 ei (voor glazuur)

INSTRUCTIES:
a) Meng in een broodmachine melk, eieren, suiker, bloem, gist en zout.
b) Voeg na het eerste kneden de in blokjes gesneden bevroren boter toe.
c) Laat de broodmachine de deegcyclus voltooien.
d) Haal het deeg eruit, wikkel het in keukenfolie en zet het een nacht in de koelkast.
e) Laat het deeg vóór het bakken 1 uur op een warme plaats rusten.
f) Verdeel het deeg in 12 gelijke delen.
g) Vorm grote porties deeg tot bollen en plaats deze in beboterde cupcake-bakvormpjes.
h) Meng gehakte cashewnoten en sinaasappelschil door het deeg.
i) Vorm het deeg in 12 porties en plaats ze in beboterde cupcake bakvormpjes.
j) Druk op het midden van elke grote bol om een verdieping te creëren.
k) Dek af met een handdoek en laat nog een uur rusten om te rijzen.
l) Verwarm de oven voor op 180 °C.
m) Klop een ei los en bestrijk het oppervlak van elke brioche met de eierwas.
n) Bak gedurende 15-20 minuten of tot ze goudbruin zijn.
o) Laat de brioche met cashewnoten en sinaasappelschil afkoelen op een rooster.

75. Briocheknopen met pistache en frambozenjam

INGREDIËNTEN:
- 1/2 kopje melk
- 5 eieren
- 1/3 kopje suiker
- 3 1/2 kopjes bloem voor alle doeleinden
- 1 1/2 theelepel actieve droge gist
- 1/2 theelepel zout
- 1 kop gehakte pistachenoten
- 1 kopje bevroren boter, in blokjes gesneden
- Frambozenjam
- 1 ei (voor glazuur)

INSTRUCTIES:
a) Meng in een broodmachine melk, eieren, suiker, bloem, gist en zout.
b) Voeg na het eerste kneden de in blokjes gesneden bevroren boter toe.
c) Laat de broodmachine de deegcyclus voltooien.
d) Haal het deeg eruit, wikkel het in keukenfolie en zet het een nacht in de koelkast.
e) Laat het deeg vóór het bakken 1 uur op een warme plaats rusten.
f) Verdeel het deeg in 12 gelijke delen.
g) Vorm grote porties deeg tot bollen en plaats deze in beboterde cupcake-bakvormpjes.
h) Meng gehakte pistachenoten door het deeg.
i) Vorm knopen van het deeg en leg ze op een bakplaat.
j) Maak in elke knoop een klein kuiltje en vul deze met frambozenjam.
k) Dek af met een handdoek en laat nog een uur rusten om te rijzen.
l) Verwarm de oven voor op 180 °C.
m) Klop een ei los en bestrijk het oppervlak van elke briocheknoop met de eierwas.
n) Bak gedurende 15-20 minuten of tot ze goudbruin zijn.
o) Laat de briocheknopen met pistache en frambozenjam afkoelen op een rooster.

76. Macadamianoot en Kokosbrioche Swirls

INGREDIËNTEN:
- 1/2 kopje melk
- 5 eieren
- 1/3 kopje suiker
- 3 1/2 kopjes bloem voor alle doeleinden
- 1 1/2 theelepel actieve droge gist
- 1/2 theelepel zout
- 1 kop gehakte macadamianoten
- 1 kopje bevroren boter, in blokjes gesneden
- 1/2 kop geraspte kokosnoot
- 1 ei (voor glazuur)

NSTRUCTIES:
a) Meng in een broodmachine melk, eieren, suiker, bloem, gist en zout.
b) Voeg na het eerste kneden de in blokjes gesneden bevroren boter toe.
c) Laat de broodmachine de deegcyclus voltooien.
d) Haal het deeg eruit, wikkel het in keukenfolie en zet het een nacht in de koelkast.
e) Laat het deeg vóór het bakken 1 uur op een warme plaats rusten.
f) Verdeel het deeg in 12 gelijke delen.
g) Vorm grote porties deeg tot bollen en plaats deze in beboterde cupcake-bakvormpjes.
h) Meng gehakte macadamianoten en geraspte kokosnoot door het deeg.
i) Rol het deeg uit tot een rechthoek en strooi het noten-kokosmengsel gelijkmatig.
j) Rol het deeg uit tot een blok en snijd het in 12 rondjes.
k) Plaats de rondjes in beboterde cupcake-bakvormpjes.
l) Dek af met een handdoek en laat nog een uur rusten om te rijzen.
m) Verwarm de oven voor op 180 °C.
n) Klop een ei los en bestrijk het oppervlak van elke brioche-swirl met de eierwas.
o) Bak gedurende 15-20 minuten of tot ze goudbruin zijn.
p) Koel de Macadamianoot- en Kokosbrioche Swirls op een rooster.

77.Hazelnoot en Espresso Glazuur Brioche

INGREDIËNTEN:
- 1/2 kopje melk
- 5 eieren
- 1/3 kopje suiker
- 3 1/2 kopjes bloem voor alle doeleinden
- 1 1/2 theelepel actieve droge gist
- 1/2 theelepel zout
- 1 kop gehakte hazelnoten
- 1 kopje bevroren boter, in blokjes gesneden
- 1/4 kop sterke espresso
- 1 kopje poedersuiker
- 1 ei (voor glazuur)

INSTRUCTIES:
a) Meng in een broodmachine melk, eieren, suiker, bloem, gist en zout.
b) Voeg na het eerste kneden de in blokjes gesneden bevroren boter toe.
c) Laat de broodmachine de deegcyclus voltooien.
d) Haal het deeg eruit, wikkel het in keukenfolie en zet het een nacht in de koelkast.
e) Laat het deeg vóór het bakken 1 uur op een warme plaats rusten.
f) Verdeel het deeg in 12 gelijke delen.
g) Vorm grote porties deeg tot bollen en plaats deze in beboterde cupcake-bakvormpjes.
h) Meng de gehakte hazelnoten door het deeg.
i) Vorm het deeg in 12 porties en plaats ze in beboterde cupcake bakvormpjes.
j) Druk op het midden van elke grote bol om een verdieping te creëren.
k) Dek af met een handdoek en laat nog een uur rusten om te rijzen.
l) Verwarm de oven voor op 180 °C.
m) Klop een ei los en bestrijk het oppervlak van elke brioche met de eierwas.
n) Bak gedurende 15-20 minuten of tot ze goudbruin zijn.
o) Laat de hazelnoot- en espressoglazuurbrioche afkoelen op een rooster.

BLOEMENBRIOCHE

78.Lavendel maïsmeel brioche

INGREDIËNTEN:
- 4 kopjes Wit; ongebleekt meel
- 1 kop maïsmeel
- 1 theelepel zout
- 1 theelepel lavendel
- 8 ons warme magere melk; verwarmd tot 85 graden
- 1 eetlepel verse gist
- 1 eetlepel honing
- 2 hele eieren; geslagen

INSTRUCTIES:
a) Voeg gist toe aan het water en de honing en laat het op een warme plaats staan tot het schuimt, voeg dan de losgeklopte eieren toe.
b) Combineer natte en droge ingrediënten en kneed gedurende 8 minuten. Zet het op een warme plaats en laat het deeg rijzen tot het in volume verdubbeld is.
c) Vervolgens ponsen en in de gewenste vorm vormen. Laat het deegmengsel opnieuw rijzen totdat het in omvang is verdubbeld en bak op 350 graden gedurende 25-30 minuten.
d) De baktijd is afhankelijk van de vorm en grootte van het brood.
e) Het is klaar als het er lichtbruin uitziet en hol klinkt als je erop tikt.

79.Lavendelhoningbrioche

INGREDIËNTEN:
- 1/2 kopje melk
- 5 eieren
- 1/3 kopje suiker
- 3 1/2 kopjes bloem voor alle doeleinden
- 1 1/2 theelepel actieve droge gist
- 1/2 theelepel zout
- 2 eetlepels gedroogde lavendelbloemen (culinaire kwaliteit)
- 1 kopje bevroren boter, in blokjes gesneden
- 1/4 kopje honing
- 1 ei (voor glazuur)

INSTRUCTIES:
a) Meng in een broodmachine melk, eieren, suiker, bloem, gist en zout.
b) Voeg na het eerste kneden de in blokjes gesneden bevroren boter en gedroogde lavendelbloemen toe.
c) Laat de broodmachine de deegcyclus voltooien.
d) Haal het deeg eruit, wikkel het in keukenfolie en zet het een nacht in de koelkast.
e) Laat het deeg vóór het bakken 1 uur op een warme plaats rusten. Verdeel in 12 delen.
f) Vorm grote porties deeg tot bollen en plaats deze in beboterde cupcake-bakvormpjes.
g) Druk op het midden van elke grote bol om een verdieping te creëren.
h) Giet honing in de verdieping van elke brioche.
i) Dek af met een handdoek en laat nog een uur rusten om te rijzen.
j) Verwarm de oven voor op 180 °C.
k) Klop een ei los en bestrijk het oppervlak van elke brioche met de eierwas.
l) Bak gedurende 15-20 minuten of tot ze goudbruin zijn.
m) Laat de lavendelhoningbrioche afkoelen op een rooster.

80. Briocheknopen van rozenblaadjes en kardemom

INGREDIËNTEN:
- 1/2 kopje melk
- 5 eieren
- 1/3 kopje suiker
- 3 1/2 kopjes bloem voor alle doeleinden
- 1 1/2 theelepel actieve droge gist
- 1/2 theelepel zout
- Bloemblaadjes van 2 biologische rozen (gewassen en fijngehakt)
- 1 kopje bevroren boter, in blokjes gesneden
- 1 theelepel gemalen kardemom
- 1 ei (voor glazuur)

INSTRUCTIES:
a) Meng in een broodmachine melk, eieren, suiker, bloem, gist en zout.
b) Voeg na het eerste kneden de in blokjes gesneden bevroren boter toe.
c) Laat de broodmachine de deegcyclus voltooien.
d) Haal het deeg eruit, wikkel het in keukenfolie en zet het een nacht in de koelkast.
e) Laat het deeg vóór het bakken 1 uur op een warme plaats rusten.
f) Verdeel het deeg in 12 gelijke delen.
g) Vorm grote porties deeg tot bollen en plaats deze in beboterde cupcake-bakvormpjes.
h) Meng gehakte rozenblaadjes en gemalen kardemom door het deeg.
i) Vorm knopen van het deeg en leg ze op een bakplaat.
j) Dek af met een handdoek en laat nog een uur rusten om te rijzen.
k) Verwarm de oven voor op 180 °C.
l) Klop een ei los en bestrijk het oppervlak van elke briocheknoop met de eierwas.
m) Bak gedurende 15-20 minuten of tot ze goudbruin zijn.
n) Koel de rozenblaadjes en kardemombriocheknopen op een rooster.

81. Oranjebloesem en pistachebriochewervelingen

INGREDIËNTEN:
- 1/2 kopje melk
- 5 eieren
- 1/3 kopje suiker
- 3 1/2 kopjes bloem voor alle doeleinden
- 1 1/2 theelepel actieve droge gist
- 1/2 theelepel zout
- 1/4 kopje gehakte pistachenoten
- 1 kopje bevroren boter, in blokjes gesneden
- 1 theelepel oranjebloesemwater
- 1 ei (voor glazuur)

INSTRUCTIES:
a) Meng in een broodmachine melk, eieren, suiker, bloem, gist en zout.
b) Voeg na het eerste kneden de in blokjes gesneden bevroren boter toe.
c) Laat de broodmachine de deegcyclus voltooien.
d) Haal het deeg eruit, wikkel het in keukenfolie en zet het een nacht in de koelkast.
e) Laat het deeg vóór het bakken 1 uur op een warme plaats rusten.
f) Verdeel het deeg in 12 gelijke delen.
g) Vorm grote porties deeg tot bollen en plaats deze in beboterde cupcake-bakvormpjes.
h) Meng gehakte pistachenoten en oranjebloesemwater door het deeg.
i) Rol het deeg uit tot een rechthoek en strooi het pistachemengsel gelijkmatig.
j) Rol het deeg uit tot een blok en snijd het in 12 rondjes.
k) Plaats de rondjes in beboterde cupcake-bakvormpjes.
l) Dek af met een handdoek en laat nog een uur rusten om te rijzen.
m) Verwarm de oven voor op 180 °C.
n) Klop een ei los en bestrijk het oppervlak van elke brioche-swirl met de eierwas.
o) Bak gedurende 15-20 minuten of tot ze goudbruin zijn.
p) Laat de oranjebloesem- en pistachebriochewervelingen afkoelen op een rooster.

82. Brioche van kamille en citroenschil

INGREDIËNTEN:
- 1/2 kopje melk
- 5 eieren
- 1/3 kopje suiker
- 3 1/2 kopjes bloem voor alle doeleinden
- 1 1/2 theelepel actieve droge gist
- 1/2 theelepel zout
- 2 eetlepels gedroogde kamillebloemen (culinaire kwaliteit)
- Schil van 2 citroenen
- 1 kopje bevroren boter, in blokjes gesneden
- 1 ei (voor glazuur)

INSTRUCTIES:
a) Meng in een broodmachine melk, eieren, suiker, bloem, gist en zout.
b) Voeg na het eerste kneden de in blokjes gesneden bevroren boter, gedroogde kamillebloemen en citroenschil toe.
c) Laat de broodmachine de deegcyclus voltooien.
d) Haal het deeg eruit, wikkel het in keukenfolie en zet het een nacht in de koelkast.
e) Laat het deeg vóór het bakken 1 uur op een warme plaats rusten. Verdeel in 12 delen.
f) Vorm grote porties deeg tot bollen en plaats deze in beboterde cupcake-bakvormpjes.
g) Druk op het midden van elke grote bol om een verdieping te creëren.
h) Dek af met een handdoek en laat nog een uur rusten om te rijzen.
i) Verwarm de oven voor op 180 °C.
j) Klop een ei los en bestrijk het oppervlak van elke brioche met de eierwas.
k) Bak gedurende 15-20 minuten of tot ze goudbruin zijn.
l) Laat de brioche met kamille en citroenschil afkoelen op een rooster.

83. Jasmijnthee en perzikbriochebroodjes

INGREDIËNTEN:
- 1/2 kopje melk
- 5 eieren
- 1/3 kopje suiker
- 3 1/2 kopjes bloem voor alle doeleinden
- 1 1/2 theelepel actieve droge gist
- 1/2 theelepel zout
- 2 eetlepels jasmijntheeblaadjes (los of uit theezakjes)
- 1 kopje bevroren boter, in blokjes gesneden
- 1 kopje in blokjes gesneden verse perziken
- 1 ei (voor glazuur)

INSTRUCTIES:
a) Meng in een broodmachine melk, eieren, suiker, bloem, gist en zout.
b) Voeg na het eerste kneden de in blokjes gesneden bevroren boter toe.
c) Laat de broodmachine de deegcyclus voltooien.
d) Haal het deeg eruit, wikkel het in keukenfolie en zet het een nacht in de koelkast.
e) Laat het deeg vóór het bakken 1 uur op een warme plaats rusten.
f) Verdeel het deeg in 12 gelijke delen.
g) Vorm grote porties deeg tot bollen en plaats deze in beboterde cupcake-bakvormpjes.
h) Meng jasmijntheeblaadjes door het deeg.
i) Vorm het deeg in 12 porties en plaats ze in beboterde cupcake bakvormpjes.
j) Druk op het midden van elke grote bol om een verdieping te creëren.
k) Vul de verdieping met in blokjes gesneden verse perziken.
l) Dek af met een handdoek en laat nog een uur rusten om te rijzen.
m) Verwarm de oven voor op 180 °C.
n) Klop een ei los en bestrijk het oppervlak van elke brioche met de eierwas.
o) Bak gedurende 15-20 minuten of tot ze goudbruin zijn.
p) Laat de jasmijnthee en perzikbriochebroodjes afkoelen op een rooster.

84. Hibiscus en bessenbriocheknopen

INGREDIËNTEN:
- 1/2 kopje melk
- 5 eieren
- 1/3 kopje suiker
- 3 1/2 kopjes bloem voor alle doeleinden
- 1 1/2 theelepel actieve droge gist
- 1/2 theelepel zout
- 2 eetlepels gedroogde hibiscusbloemen (culinaire kwaliteit)
- 1 kopje bevroren boter, in blokjes gesneden
- 1 kopje gemengde bessen (aardbeien, bosbessen, frambozen)
- 1 ei (voor glazuur)

INSTRUCTIES:
a) Meng in een broodmachine melk, eieren, suiker, bloem, gist en zout.
b) Voeg na het eerste kneden de in blokjes gesneden bevroren boter toe.
c) Laat de broodmachine de deegcyclus voltooien.
d) Haal het deeg eruit, wikkel het in keukenfolie en zet het een nacht in de koelkast.
e) Laat het deeg vóór het bakken 1 uur op een warme plaats rusten.
f) Verdeel het deeg in 12 gelijke delen.
g) Vorm grote porties deeg tot bollen en plaats deze in beboterde cupcake-bakvormpjes.
h) Meng gedroogde hibiscusbloemen door het deeg.
i) Vorm knopen van het deeg en leg ze op een bakplaat.
j) Druk op het midden van elke knoop en vul deze met gemengde bessen.
k) Dek af met een handdoek en laat nog een uur rusten om te rijzen.
l) Verwarm de oven voor op 180 °C.
m) Klop een ei los en bestrijk het oppervlak van elke briocheknoop met de eierwas.
n) Bak gedurende 15-20 minuten of tot ze goudbruin zijn.
o) Koel de Hibiscus en Berry Brioche Knots op een rooster.

85. Violette en citroenbriochewervelingen

INGREDIËNTEN:
- 1/2 kopje melk
- 5 eieren
- 1/3 kopje suiker
- 3 1/2 kopjes bloem voor alle doeleinden
- 1 1/2 theelepel actieve droge gist
- 1/2 theelepel zout
- 2 eetlepels gedroogde viooltjesblaadjes (culinaire kwaliteit)
- Schil van 2 citroenen
- 1 kopje bevroren boter, in blokjes gesneden
- 1 ei (voor glazuur)

INSTRUCTIES:
a) Meng in een broodmachine melk, eieren, suiker, bloem, gist en zout.
b) Voeg na het eerste kneden de in blokjes gesneden bevroren boter toe.
c) Laat de broodmachine de deegcyclus voltooien.
d) Haal het deeg eruit, wikkel het in keukenfolie en zet het een nacht in de koelkast.
e) Laat het deeg vóór het bakken 1 uur op een warme plaats rusten.
f) Verdeel het deeg in 12 gelijke delen.
g) Vorm grote porties deeg tot bollen en plaats deze in beboterde cupcake-bakvormpjes.
h) Meng gedroogde viooltjesblaadjes en citroenschil door het deeg.
i) Rol het deeg uit tot een rechthoek en strooi het bloemenmengsel gelijkmatig.
j) Rol het deeg uit tot een blok en snijd het in 12 rondjes.
k) Plaats de rondjes in beboterde cupcake-bakvormpjes.
l) Dek af met een handdoek en laat nog een uur rusten om te rijzen.
m) Verwarm de oven voor op 180 °C.
n) Klop een ei los en bestrijk het oppervlak van elke brioche-swirl met de eierwas.
o) Bak gedurende 15-20 minuten of tot ze goudbruin zijn.
p) Laat de Violet en Lemon Brioche Swirls afkoelen op een rooster.

86.Brioche van vlierbloesem en bosbessen

INGREDIËNTEN:
- 1/2 kopje melk
- 5 eieren
- 1/3 kopje suiker
- 3 1/2 kopjes bloem voor alle doeleinden
- 1 1/2 theelepel actieve droge gist
- 1/2 theelepel zout
- 2 eetlepels vlierbloesemsiroop of concentraat
- 1 kopje bevroren boter, in blokjes gesneden
- 1 kopje verse bosbessen
- 1 ei (voor glazuur)

INSTRUCTIES:
a) Meng in een broodmachine melk, eieren, suiker, bloem, gist en zout.
b) Voeg na het eerste kneden de in blokjes gesneden bevroren boter toe.
c) Laat de broodmachine de deegcyclus voltooien.
d) Haal het deeg eruit, wikkel het in keukenfolie en zet het een nacht in de koelkast.
e) Laat het deeg vóór het bakken 1 uur op een warme plaats rusten.
f) Verdeel het deeg in 12 gelijke delen.
g) Vorm grote porties deeg tot bollen en plaats deze in beboterde cupcake-bakvormpjes.
h) Meng vlierbloesemsiroop of concentraat door het deeg.
i) Vorm het deeg in 12 porties en plaats ze in beboterde cupcake bakvormpjes.
j) Druk op het midden van elke grote bol om een verdieping te creëren.
k) Vul de verdieping met verse bosbessen.
l) Dek af met een handdoek en laat nog een uur rusten om te rijzen.
m) Verwarm de oven voor op 180 °C.
n) Klop een ei los en bestrijk het oppervlak van elke brioche met de eierwas.
o) Bak gedurende 15-20 minuten of tot ze goudbruin zijn.
p) Koel de vlierbloesem- en bosbessenbrioche op een rooster.

CHALLAH BRIOCHE

87. Broodmachine Challah

INGREDIËNTEN:
- 2 grote eieren
- ⅝ kopje lauw water
- 1½ eetlepel maïsolie of andere milde olie
- ½ theelepel zout
- 4½ eetlepels suiker
- 3 kopjes broodmeel
- 2¼ theelepels snel stijgende gist

INSTRUCTIES:
a) Volg de aangegeven volgorde voor de ingrediënten en voeg ze toe aan de broodmachine in de door de fabrikant aangegeven volgorde. Begin bij een Hitachi-machine bijvoorbeeld eerst met natte ingrediënten, maar bij andere machines is het prima om met droge ingrediënten te beginnen.
b) Selecteer de deegmodus op uw broodmachine. Als u een Hibachi-machine van 1,5 lb gebruikt, voeg dan ongeveer 30 seconden nadat het mengen is begonnen gist toe. Als u andere machines gebruikt, kunt u de gist op de droge ingrediënten plaatsen.
c) Zodra de deegcyclus is voltooid, verwijdert u het deeg en slaat u het op een met bloem bestoven oppervlak. Het deeg zal een beetje plakkerig en zeer gezwollen zijn.
d) Na een paar minuten rusten verdeelt u het deeg in drieën, rolt u elke portie in touwen en vlecht ze samen.
e) Laat het gevlochten deeg rijzen totdat het bijna in omvang is verdubbeld, wat doorgaans ongeveer 45 minuten duurt. Leg het gevlochten brood op een licht geoliede bakplaat om te rijzen.
f) Verwarm de oven voor op 175°C. Bak de challah ongeveer 25 minuten of tot hij goudbruin is. Je kunt het eventueel met eieren wassen voor een glanzende afwerking, maar zonder de broden zouden ze mooi bruin moeten worden.

88. Mayonaise Challah

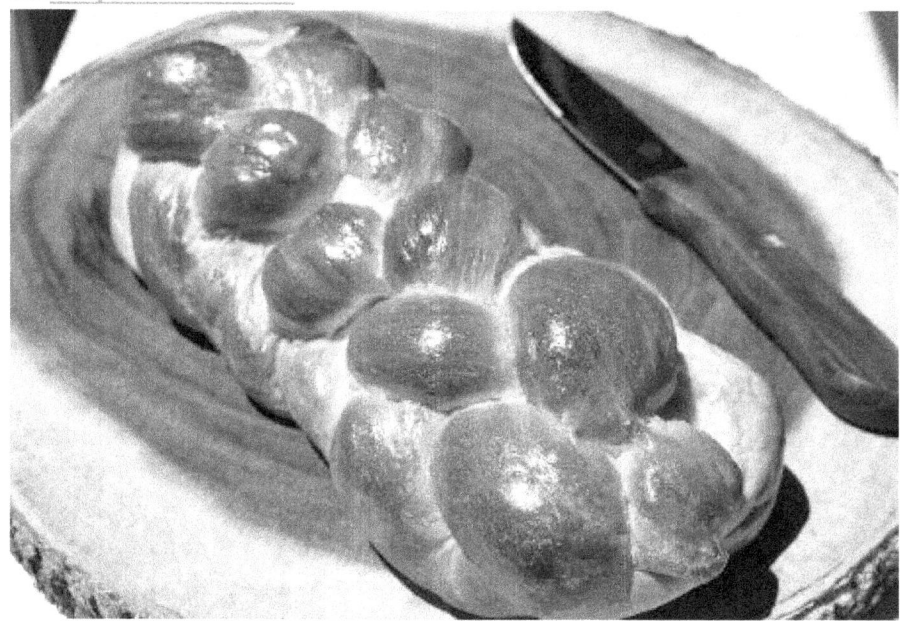

INGREDIËNTEN:
- 7½ kopjes bloem
- ¼ kopje suiker
- 2 pakken droge gist
- 1 theelepel zout
- 1½ kopjes warm water
- ½ kopje mayonaise (GEEN saladedressing)
- 4 eieren

INSTRUCTIES:
a) Meng in een mengkom 2 kopjes bloem, zout, suiker en droge gist.
b) Voeg warm water toe en klop met een elektrische mixer op lage snelheid gedurende 2 minuten.
c) Voeg nog 2 kopjes bloem, mayonaise en 3 eieren toe. Klop nog 2 minuten met de mixer op gemiddelde snelheid.
d) Roer met de hand voldoende extra bloem erdoor (ongeveer 3 kopjes) om een glad en elastisch deeg te vormen. Kneed het deeg en voeg indien nodig meer bloem toe om de gewenste textuur te verkrijgen.
e) Doe het deeg in een ingevette kom, dek deze af en laat rijzen tot het in volume verdubbeld is.
f) Sla het deeg plat en verdeel het in tweeën (of in drieën voor kleinere broden). Dek af en laat het deeg 10 minuten rusten.
g) Verdeel elke helft in drie lange, touwachtige stukken. Vlecht drie stukken samen tot een brood.
h) Leg het gevlochten brood op een ingevette bakplaat en bestrijk het met een eierwasmiddel met behulp van het vierde ei. Strooi eventueel maanzaad of andere toppings.
i) Laat het gevlochten brood rijzen totdat het in omvang is verdubbeld.
j) Verwarm de oven voor op 190°C en bak de challah ongeveer 30 minuten, of tot hij gaar en mooi bruin is.
k) Deze Mayonaise Challah is goed in te vriezen voor toekomstig gebruik.

89. Zes-gevlochten Challah

INGREDIËNTEN:
- 2 pakjes Actieve Droge Gist
- ¼ tot ½ kopje suiker
- 1¼ kopjes warm water (105 tot 115 graden)
- 5 tot 6 kopjes broodmeel
- 2 theelepels Zout
- 3 grote eieren
- ¼ kopje plantaardig bakvet
- 1 handvol sesam- of maanzaad
- Maïsmeel om te bestuiven

INSTRUCTIES:
a) Los in een grote container de gist en een snufje suiker op in 1 kopje warm water (105 tot 115 graden). Laat het 10 minuten staan.
b) Doe de bloem in een grote kom en voeg het opgeloste gistmengsel toe. Roer met een lepel. Voeg de resterende suiker, zout, 2 eieren en plantaardig bakvet toe.
c) Klop ongeveer een minuut en meng vervolgens met de hand. Leg het deeg op een licht met bloem bestoven oppervlak en kneed het ongeveer 15 minuten tot het zacht is. Voeg indien nodig meer water of bloem toe. U kunt ook een deeghaak in een mixer gebruiken om te mengen en te kneden.
d) Doe het deeg in een licht ingevette kom en draai het om, zodat het hele oppervlak licht ingevet is. Dek de kom af met een doek en laat hem ongeveer een uur rijzen op een warme plaats (75 tot 80 graden), of tot het deeg in omvang is verdubbeld.
e) Sla het deeg plat en verdeel het in 2 ballen. Verdeel elke bal in 6 slangachtige stukken, elk ongeveer 30 cm lang.
f) Plaats alle 6 strengen naast elkaar op een plank en druk de 6 uiteinden tegen elkaar aan. Verdeel in 2 groepen van 3 strengen en vlecht. Neem de streng van uiterst links en plaats deze over de andere 2 en in het midden. Ga door met vlechten tot het deeg op is. Knijp de uiteinden samen. Herhaal met het tweede brood.
g) Voor een eenvoudigere optie verdeel je elke bal in 3 strengen en vlecht je deze. Plaats de buitenste strook over de middelste en vervolgens onder de derde. Trek de stroken strak en ga

verder met vlechten. Stop de uiteinden in en herhaal met de resterende 3 stroken.

h) Bestrijk de challah met een deegkwast met het resterende ei gemengd met water en bestrooi met sesam- of maanzaad.
i) Nadat u het brood hebt geborsteld, doopt u uw tweede vinger in het eierwasmiddel en maakt u een streepje in de bovenkant van de vlechten. Doop je vinger in de zaadjes en raak het ingedeukte gebied opnieuw aan voor een opvallender ontwerp.
j) Bestrooi een bakplaat met maïsmeel en leg de broden erop. Dek ze af met plasticfolie en laat ze 30 minuten rijzen op een warme plaats.
k) Verwarm de oven voor op 190°C. Bak de challah ongeveer 30 minuten of tot hij goudbruin is.

90. Olievrije Challah

INGREDIËNTEN:
- 1½ kopjes water
- 2 eieren
- 1½ eetlepel appelmoes
- 1½ theelepel zout
- 3 eetlepels honing
- 3 eetlepels suiker
- 5 kopjes witte bloem (of witbroodmeel - laat gluten weg)
- 1½ eetlepel Tarwegluten
- 3 theelepels Gist
- 5 druppels gele kleurstof (optioneel)
- ¾ kopje rozijnen (optioneel)

INSTRUCTIES:
a) Voeg de ingrediënten toe aan de Broodmachine (ABM) in de volgorde aangegeven door het model. Kies de cyclus "DEEG".
b) Voeg tijdens het tweede kneden desgewenst ¾ kopje rozijnen toe.
c) Zodra de ABM de deegcyclus heeft voltooid, haalt u het deeg eruit en verdeelt u het in drie delen.
d) Bedek elk deel lichtjes met plasticfolie (je kunt het lichtjes inspuiten met PAM om plakken te voorkomen) en laat het deeg een uur rijzen.
e) Rol elke portie uit en vlecht het deeg. Maak de uiteinden lichtjes nat, zodat ze beter blijven plakken, en vouw ze iets onder het brood voor een rond uiterlijk.
f) Plaats elk gevlochten brood op een bakplaat die licht is besproeid met PAM. Bedek de broden met plasticfolie en laat ze nog een uur rijzen.
g) Verwarm de oven voor op 350 graden Fahrenheit (175 graden Celsius).
h) Bestrijk elk brood met een losgeklopt ei (eierkloppers kunnen worden gebruikt, een paar theelepels zijn voldoende).
i) Bak in de voorverwarmde oven gedurende 25-30 minuten of tot ze goudbruin zijn.

91. Rozijn Challah

INGREDIËNTEN:
- 4 kopjes warm water
- 2 eetlepels droge gist
- 4 eieren
- ½ kopje olie
- ½ kopje honing
- 2 kopjes Rozijnen
- 14 tot 15 kopjes bloem
- 1 eetlepel grof zout

Glazuur:
- 1 ei, geslagen
- Maanzaad

INSTRUCTIES:
a) Giet warm water in een grote mengkom. Roer de gist, eieren, olie, honing en rozijnen erdoor. Meng goed en voeg ongeveer de helft van de bloem toe. Laat het mengsel 45 minuten tot 1 uur rusten.
b) Voeg zout en het grootste deel van de resterende bloem toe. Meng en kneed tot het deeg zacht is. Laat het deeg opnieuw 1 uur rijzen, of ga verder zonder nogmaals te rijzen voor een sneller proces.
c) Verdeel het deeg en vorm er broden van. Plaats de gevormde broden in ingevette pannen en laat ze 45 minuten tot 1 uur rijzen.
d) Verwarm de oven voor op 175°C.
e) Klop voor het glazuur een ei los en bestrijk de bovenkant van de broden ermee. Strooi maanzaad erover.
f) Bak 45 minuten tot 1 uur voor broden of 30 minuten voor broodjes, of tot ze goudbruin zijn en hol klinken als je erop tikt.

92. Zachte Challa

INGREDIËNTEN:
- 1½ kopjes donkere of gele rozijnen, opgevuld
- 1¾ kopjes warm water
- 2 eetlepels droge gist
- 1 snufje suiker
- ⅓ kopje suiker
- ⅓ kopje lichte honing
- 3½ theelepel zout
- ½ kopje olie
- 3 eieren
- 2 Eidooiers
- Ongeveer 6 tot 7 kopjes broodmeel
- 2 eetlepels Water
- 2 theelepels suiker
- 1 ei
- 1 Eigeel

Eierwas:
- 1 ei
- 1 Eigeel

INSTRUCTIES:

a) Roer in een grote mengkom de gist, het warme water en een snufje suiker door elkaar. Laat het vijf minuten staan, zodat de gist kan opzwellen en oplossen.

b) Roer de resterende suiker, honing en zout er stevig door. Voeg vervolgens olie, eieren, dooiers en ongeveer vijf kopjes bloem toe. Roer tot een ruige massa. Laat het 10-20 minuten staan, zodat de bloem kan absorberen.

c) Kneed het deeg met de hand of met een deeghaak en voeg indien nodig de resterende bloem toe om een zacht en elastisch deeg te maken (ongeveer 10-12 minuten). Het deeg moet de zijkanten van de kom verlaten. Als het plakkerig is, voeg dan kleine hoeveelheden bloem toe tot het deeg zacht is maar niet meer plakt.

d) Laat het deeg tien minuten rusten op een licht met bloem bestoven plank, druk het vervolgens plat en druk de opgeklopte rozijnen zo gelijkmatig mogelijk in het deeg,

waarbij u het deeg over de rozijnen vouwt om ze erin te "stoppen".
e) Leg het deeg in een ingevette kom en bedek het met ingevet plasticfolie en een vochtige theedoek of bedek het met een vochtige theedoek en plaats de hele kom in een grote plastic zak. Laat het deeg op een tochtvrije plaats rijzen tot het verdubbeld en opgezwollen is, ongeveer 45 tot 90 minuten.
f) Als je het deeg 's nachts laat rijzen, plaats het deeg dan in een grote, licht ingevette kom en doe deze in een grote plastic zak. Zet een nacht in de koelkast. Als het deeg te snel rijst, open dan de zak, laat het deeg leeglopen en sluit het opnieuw. Laat het deeg de volgende dag opwarmen, laat het vervolgens voorzichtig leeglopen en ga verder.
g) Verdeel het deeg in tweeën. Voor 'faigele' of tulbandvormige nieuwjaars-challah vorm je elke sectie tot een lang touw (ongeveer 30-30 cm lang) dat aan één uiteinde dikker is en rol je het op, te beginnen met het dikkere uiteinde eerst, en stop je het uiteinde er bovenop. op slot doen." Je kunt ook elke deegsectie in drie touwen verdelen, ongeveer 30 cm lang, en een traditionele challah-vlecht maken.
h) Plaats op een met maïsmeel bestrooide bakplaat. Klop in een kleine kom de ingrediënten voor de eierwas door elkaar. Bestrijk het brood met eierwas en bestrooi met sesamzaadjes.
i) Laat het brood ongeveer 20-30 minuten rijzen tot het opgezwollen is. Verwarm de oven voor op 400 graden F.
j) Bak het brood gedurende 12 minuten, verlaag vervolgens het vuur tot 350 graden F en bak nog eens 25 minuten of tot het brood gelijkmatig bruin is.

93. Zuurdesem Challah

INGREDIËNTEN:
- 1 kopje zuurdesemstarter (moet pareve zijn als het met vlees wordt geserveerd)
- 1 kopje zeer warm water
- 1 eetlepel gist of 1 pakje gist
- 1 eetlepel honing
- 7 kopjes broodmeel (of meer, hoog glutengehalte met een beetje gerstemeel, of ongebleekte bloem voor alle doeleinden)
- 2 theelepels Zout
- 3 eieren
- ¼ kopje plantaardige olie (ongeveer)
- 1 Eigeel gemengd met 3 druppels water (min of meer)
- Maanzaad

INSTRUCTIES:

a) Meng de zuurdesemstarter, water, gist en honing. Laat het opborrelen terwijl je naar de volgende stap gaat.
b) Meng in een grote kom 4 kopjes bloem en zout.
c) Maak een kuiltje in het midden van het bloem/zoutmengsel en voeg eieren en olie toe.
d) Giet het schuimige gistmengsel erbij en roer met een houten lepel of peddel met een dikke steel.
e) Voeg bloem toe totdat het mengsel loslaat van de kom. Het hoeft niet perfect glad te zijn.
f) Strooi bloem op een aanrecht of kneedplank. Leg het deeg in het midden en schraap zoveel mogelijk uit de mengkom. Was de kom voor gebruik in een latere stap.
g) Kneed het brood en voeg bloem toe tot het glad en elastisch wordt. De textuur moet aanvoelen als de blote billen van een baby als hij wordt geklopt.
h) Doe het deeg in de geoliede mengkom. Bedek het met vetvrij papier en een theedoek en zet het op een warme plaats om te rijzen. Het is klaar als je je vingerafdrukken in het deeg kunt zien nadat je erin hebt geprikt.
i) Leg het deeg op het aanrecht en druk het naar beneden om grote luchtbellen te verwijderen. Vlecht het in twee of vier broden en plaats ze op geoliede bakplaten. Laat ze nog een half uur rijzen.
j) Verwarm de oven voor op 175°C. Bestrijk de broden met het eigeelmengsel en bestrooi rijkelijk met maanzaad. Bak ongeveer een half uur en draai de bakplaten in de oven. De broden moeten hol klinken als je erop klopt. Laat ze afkoelen.

94.Challah van het nieuwe jaar

INGREDIËNTEN:
- 1 kopje rozijnen
- 1 kopje kokend water
- 1 kopje koud water (voor machinale vervaardiging, gebruik 100-105 graden water voor conventionele methode)
- 1⅜ theelepel zout
- 1 eetlepel suiker
- 2 hele eieren
- 2 eierdooiers, geslagen
- ¼ kopje honing
- ¼ kopje plantaardige olie
- 3 theelepels Instant-, Rapid-Rise- of Quick-Rise-gist
- 3½ tot 4 kopjes bloem voor alle doeleinden
- 1 theelepel olie (voor het coaten van de koelkast)
- 2 theelepels maïsmeel
- 1 ei
- 1 Eigeel
- 2 eetlepels sesamzaadjes (indien gewenst)

EIEREN WASSEN:
- 1 ei
- 1 Eigeel

INSTRUCTIES:
a) Doe de rozijnen in een middelgrote kom en giet er kokend water overheen. Laat ze 2 minuten opzwellen. Giet ze af, dep ze droog en laat ze afkoelen.

MACHINE-INSTRUCTIES
b) Doe koud water, zout, suiker, eieren, dooiers, honing, olie, gist en 3 kopjes bloem in de pan van de machine of in de volgorde die door de fabrikant is aangegeven.
c) Zet de deegmodus of het programma aan. Strooi er extra bloem door als het deeg een bal vormt en nat genoeg lijkt om de resterende bloem nodig te hebben. Voeg vóór de tweede kneed rozijnen toe. Ze moeten worden toegevoegd zodra het deeg is gevormd, maar er moet nog wat kneedtijd overblijven om ze te verwerken.
d) Als uw machine dit niet toestaat, laat hem dan zijn deegcyclus voltooien. Leg het op een met bloem bestoven bord en druk er eenvoudig de rozijnen in. Ga verder met de aanwijzingen voor het vormen van broden. Zie opmerking 2
e) Conventionele instructies Meng in een grote kom warm water, zout, suiker en honing. Bestrooi met instant-, snelrijzende of snelrijzende gist. Klop de eieren, dooiers en plantaardige olie erdoor. Klop er 3 kopjes bloem door. Als u een elektrische mixer gebruikt, bevestig dan een deeghaak en kneed met de mixer of met de hand gedurende 8-10 minuten tot het deeg zacht en elastisch is en de zijkant van de kom laat. Als het deeg plakkerig is, voeg dan kleine hoeveelheden bloem toe tot het deeg zacht is en niet meer plakt.
f) Bestrooi het werkoppervlak met de resterende ¼ kopje bloem. Laat het deeg 10 minuten rusten op het oppervlak. Kneed of druk de rozijnen er zo gelijkmatig mogelijk door en vouw het deeg over de rozijnen om ze in te stoppen. Bedek het deeg met een vochtige, schone handdoek. Laat het deeg 20 minuten rusten. Of, als u het een nacht laat rijzen, plaats het dan in een grote, met olie ingevette plastic zak en laat het een nacht in de koelkast staan. Als je het brood ziet rijzen, open dan de zak, laat het deeg leeglopen en sluit het opnieuw. De volgende dag slaat u het brood plat en gaat u als volgt te werk.

g) Broden vormen: werk op een bakplaat bedekt met folie of perkament en bestrooid met maïsmeel. Voor een traditionele vlecht verdeelt u het deeg in 3 blokken van 15 inch lang; gebruik voor een krans 3 houtblokken van 18 inch; gebruik voor een tulband 2 boomstammen van 18 inch die aan het ene uiteinde 20% dikker zijn dan aan het andere uiteinde. Voor een vlecht vlecht je de 3 houtblokken, knijp de uiteinden samen en stop ze onder. Voor een ronde krans vlecht je deze en vorm je deze tot een cirkel. Knijp de uiteinden samen en stop ze in de ronde zodat ze niet zichtbaar zijn. Voor tulbanden: begin aan het dikkere uiteinde en rol het brood in een rondje. Knijp aan het einde in de punt en stop hem onder.
h) Meng in een kleine kom het ei en de dooier voor de eierwas. Bestrijk het brood rijkelijk met het eierwasmiddel. Laat het 30-40 minuten rijzen.
i) Bestrijk opnieuw en bestrooi indien gewenst met sesamzaadjes.
j) Bakken: Verwarm de oven 15 minuten vóór het bakken voor op 190°C. Bak gedurende 30-35 minuten tot de korst mooi bruin is en hol klinkt als je erop klopt.

95. Gevulde Challah

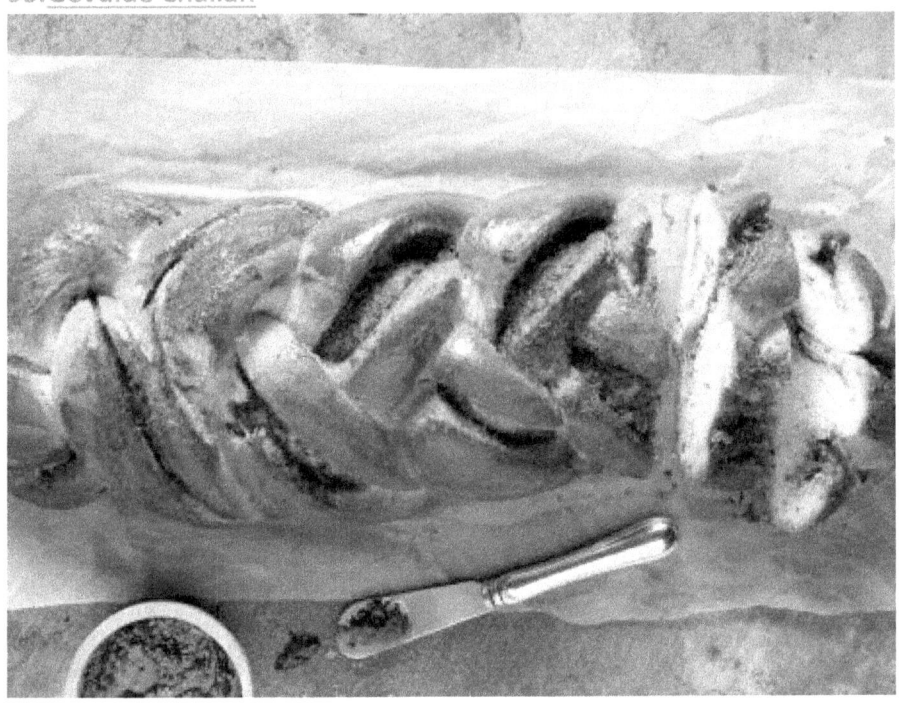

INGREDIËNTEN:
- Challah deeg
- In blokjes gesneden appels
- Bruine suiker
- Kaneel
- Eierwas
- Kaneel en suiker om te bestrooien

INSTRUCTIES:
a) Bereid uw challah-deeg volgens uw favoriete recept.
b) Maak de deegtouwen plat en leg er een dunne rij in blokjes gesneden appels op, gebakken in een beetje bruine suiker en kaneel. Zorg ervoor dat het mengsel goed uitgelekt is, zodat het tijdens het bakken niet uitloopt.
c) Rol elk touw op, vergelijkbaar met een jelly roll, en sluit beide uiteinden af.
d) Vlecht de touwen voorzichtig.
e) Laat het gevlochten deeg ongeveer 45 minuten tot een uur rijzen.
f) Verwarm uw oven voor.
g) Bestrijk het gevlochten deeg met eierwas.
h) Strooi kaneel en suiker erover voor extra smaak.
i) Bak volgens de instructies van je challah-recept tot de challah goudbruin is en hol klinkt als je erop tikt.

96. Lieve Challa

INGREDIËNTEN:
- ½ kopje plus ¼ theelepel kristalsuiker
- 2¼ kopjes lauw water
- 2 pakjes Actieve Gedroogde Gist
- 10 kopjes ongebleekt witbroodmeel, plus 1½ kopje meer indien nodig
- 1 eetlepel grof of koosjer zout
- 4 Jumbo-eieren op kamertemperatuur, losgeklopt, plus 1 eigeel
- ½ kopje pindaolie, plus meer om pannen in te vetten
- ½ kopje plus 1 theelepel honing, verdeeld
- ½ kopje rozijnen
- Maanzaad

INSTRUCTIES:
a) Los ¼ theelepel suiker op in lauw water. Roer de gist erdoor; zet op een tochtvrije plaats weg om te laten rijzen (ongeveer 10 minuten).
b) Meng 10 kopjes bloem, zout en de resterende ½ kopje suiker in een kom met de hand of in een keukenmachine met een deegmes. Als u met de hand mengt, maak dan een kuiltje in het midden van het bloemmengsel.
c) Voeg 4 losgeklopte eieren, ½ kopje olie, ½ kopje honing en het gerezen gistmengsel toe aan de kom of de keukenmachinecontainer.
d) Meng en kneed met de hand of met een deegmes in de keukenmachine, voeg extra bloem toe tot het deeg een kleverige bal vormt en van de zijkanten loslaat.
e) Leg het deeg op een met bloem bestoven bord; blijf met de hand kneden en voeg indien nodig bloem toe. Het deeg moet door het kneden blaren vertonen, vochtig aanvoelen en enigszins plakkerig zijn, maar mag niet aan het bord of de vingers blijven kleven.
f) Doe het deeg in een geoliede kom; afdekken met een vochtige keukendoek. Zet het op een tochtvrije plaats weg en laat het 2½ tot 3 uur rijzen, tot het in volume verdubbeld is.

g) Test het deeg door er met uw vinger in te drukken. Als het niet terugveert, is het klaar voor de tweede keer kneden. Sla het deeg plat en bestrooi met rozijnen. Kneed de rozijnen erdoor.
h) Leg het deeg in een met olie ingevette pan, dek af met een vochtige doek en laat het opnieuw rijzen gedurende 1 tot 1½ uur, tot het in volume verdubbeld is.
i) Verdeel het deeg in 4 gelijke stukken. Verdeel elk van de 4 stukken in 3 gelijke stukken. Rol elk stuk tot een touw van minimaal 24 inch lang, met dunnere uiteinden.
j) Knijp drie strengen samen aan één uiteinde en vlecht vervolgens de drie strengen samen. Wikkel de vlecht in een spiraal, beginnend bij de bovenkant van de spiraal.
k) Plaats de broden op bakplaten of ondiepe pannen; afdekken met vochtige keukendoeken. Laat de broden ongeveer 35 tot 45 minuten rijzen, tot ze in volume verdubbeld zijn.
l) Maak een eierwassing door eigeel, de resterende 1 theelepel honing en 1 eetlepel koud water te combineren. Bestrijk elk brood met eierwas. Bestrooi met maanzaad.
m) Bak in een voorverwarmde oven van 350 graden gedurende 35 tot 45 minuten. De broden zijn gaar als ze goudbruin zijn en hol klinken als je op de onderkant klopt.
n) Laat afkoelen op roosters voordat u het serveert.

97. Zeer boterachtige Challah

INGREDIËNTEN:
- 2½ stokjes Boter, gesmolten
- 2 pakjes Gist
- 2 kopjes warm water
- 7 kopjes bloem, ongebleekt
- 4 theelepels Zout
- 3 eieren, geslagen
- ½ kopje suiker
- 2 eieren, geslagen
- Maanzaad (optioneel)
- Sesamzaadjes (optioneel)

INSTRUCTIES:
a) Los de gist op in warm water.
b) Klop in een grote mengkom 3 eieren. Voeg zout, suiker, opgeloste gist en gesmolten boter toe aan het eimengsel.
c) Roer in één keer 4 kopjes bloem erdoor. Ga door met het toevoegen van nog 3 kopjes bloem tot het deeg een zachte consistentie heeft.
d) Kneed het deeg op een met bloem bestoven bord totdat het niet meer plakkerig is en veerkrachtig aanvoelt.
e) Doe het deeg in een ingevette mengkom en dek deze af met een handdoek. Laat het 1½ uur rijzen of tot het in volume verdubbeld is.
f) Pons het deeg, kneed het een beetje en verdeel het in 6 stukken. Rol elk stuk met je handen tot lange, dunne touwen.
g) Vlecht 3 touwen en knijp de uiteinden samen. Herhaal het proces met de andere 3 touwen.
h) Plaats elk gevlochten brood op zijn eigen ingevette bakplaat, dek af met een handdoek en laat het ongeveer een uur rijzen of tot het in volume verdubbeld is.
i) Verwarm de oven voor op 350 ° F.
j) Bestrijk de broden met de 2 losgeklopte eieren en bestrooi ze eventueel met maanzaad of sesamzaad.
k) Bak in de voorverwarmde oven gedurende ongeveer 45 minuten of tot het brood goudbruin is.

98. Water Challah

INGREDIËNTEN:
- 2 pakjes Gist
- 1 theelepel suiker
- 2¼ kopjes warm water
- 8 tot 9 kopjes gezeefde bloem
- 1/3 tot 1/2 kopje suiker
- 1/3 kopje olie
- 1 eetlepel plus 1 theelepel zout
- 2 theelepels Azijn

INSTRUCTIES:
a) Los gist en een theelepel suiker op in ½ kopje warm water. Laat het 5 minuten staan totdat het gaat borrelen.
b) Meng in een mengkom 4 kopjes bloem, het gistmengsel en de overige ingrediënten. Klop ongeveer 3 minuten.
c) Klop de resterende bloem erdoor, 1 kopje per keer, en kneed het laatste kopje met de hand of met een broodhaak ongeveer 10 minuten. Zorg ervoor dat het deeg goed gekneed is voor een gladde textuur.
d) Doe het deeg in een ingevette kom, draai het om, dek af en laat het op een warme plaats rijzen tot het verdubbeld is, ongeveer 1½ tot 2 uur.
e) Sla het deeg plat en vlecht het in 3 challahs. Je kunt het deeg desgewenst verdelen om kleinere challahs te maken.
f) Bedek de gevlochten challahs met een vochtige doek en laat ze rijzen tot ze verdubbeld zijn, ongeveer 1 uur. Houd ze in de gaten als je het einde van de rijstijd nadert.
g) Glaceer de challahs met losgeklopt ei en bestrooi ze indien gewenst met zaadjes (optioneel).
h) Bak in een voorverwarmde oven van 345 ° F gedurende 45 minuten. De challahs zijn gaar als ze een hol geluid maken als je op de onderkant tikt.

99.Chocoladewerveling Challah

INGREDIËNTEN:
- 4 kopjes bloem voor alle doeleinden
- 1/2 kopje suiker
- 1 theelepel zout
- 1 pakje actieve droge gist (ongeveer 2 1/4 theelepels)
- 1 kopje warm water (43°C/110°F)
- 1/4 kop plantaardige olie
- 2 grote eieren
- 1/2 kopje cacaopoeder
- 1/2 kop chocoladestukjes (halfzoet)

INSTRUCTIES:
a) Meng het warme water, de suiker en de gist in een grote kom. Laat het 5-10 minuten staan totdat het schuimig wordt.
b) Voeg de olie en de eieren toe aan het gistmengsel en roer goed.
c) Meng de bloem en het zout in een aparte kom. Voeg dit mengsel geleidelijk toe aan de natte ingrediënten, onder voortdurend roeren tot er een deeg ontstaat.
d) Verdeel het deeg in twee porties. Kneed in één portie het cacaopoeder erdoor tot het volledig is opgenomen.
e) Doe beide porties deeg in aparte ingevette kommen, dek ze af en laat ze ongeveer 1-1,5 uur rijzen, of tot ze in volume verdubbeld zijn.
f) Verwarm uw oven voor op 175°C.
g) Rol elke portie deeg uit tot een rechthoek. Plaats het chocoladedeeg op het gewone deeg en strooi de chocoladestukjes gelijkmatig.
h) Rol het deeg stevig op tot een blok en vlecht het vervolgens zoals je zou doen met een traditionele challah.
i) Leg het gevlochten brood op een bakplaat bekleed met bakpapier. Laat het nog eens 30 minuten rijzen.
j) Bak gedurende 25-30 minuten of tot de challah goudbruin is. Laat het afkoelen voordat je het gaat snijden.

100. Hartige kruiden- en kaaschallah

INGREDIËNTEN:
- 4 kopjes broodmeel
- 1 eetlepel suiker
- 1 theelepel zout
- 1 pakje actieve droge gist (ongeveer 2 1/4 theelepels)
- 1 kopje warm water (43°C/110°F)
- 1/4 kopje olijfolie
- 2 grote eieren
- 1 kop geraspte Parmezaanse kaas of Pecorino-kaas
- 2 eetlepels verse kruiden (zoals rozemarijn, tijm en oregano), fijngehakt

INSTRUCTIES:
a) Meng het warme water, de suiker en de gist in een grote kom. Laat het 5-10 minuten staan totdat het schuimig wordt.
b) Voeg de olie en de eieren toe aan het gistmengsel en roer goed.
c) Meng de bloem en het zout in een aparte kom. Voeg dit mengsel geleidelijk toe aan de natte ingrediënten, onder voortdurend roeren tot er een deeg ontstaat.
d) Verdeel het deeg in twee porties. Kneed in één portie het cacaopoeder erdoor tot het volledig is opgenomen.
e) Voeg de geraspte kaas en de gehakte kruiden toe aan het deeg en kneed tot alles goed gemengd is.
f) Verwarm uw oven voor op 175°C.
g) Rol elke portie deeg uit tot een rechthoek. Plaats het chocoladedeeg op het gewone deeg en strooi de chocoladestukjes gelijkmatig.
h) Rol het deeg stevig op tot een blok en vlecht het vervolgens zoals je zou doen met een traditionele challah.
i) Leg het gevlochten brood op een bakplaat bekleed met bakpapier. Laat het nog eens 30 minuten rijzen.
j) Bak gedurende 25-30 minuten of tot de challah goudbruin is. Laat het afkoelen voordat je het gaat snijden.

CONCLUSIE

Terwijl we onze verkenning door middel van 'Het ultieme briochehandboek' afsluiten, hopen we dat je de kunst van het elke keer weer perfecte brioche bakken hebt omarmd. Elk recept op deze pagina's is een bewijs van het plezier, de precisie en de vaardigheid die de wereld van brioche definiëren. Of u zich nu heeft verwonderd over de weelderige lagen van een met kaneel gewervelde brioche of hebt genoten van de eenvoud van een klassiek briochebroodje, wij vertrouwen erop dat dit handboek u in staat heeft gesteld brioches van bakkerijkwaliteit te maken in het comfort van uw eigen keuken.

Moge de voldoening van het uit uw oven halen van een gouden, geurige brioche, afgezien van de ingrediënten en technieken, een bron van trots en vreugde worden. Terwijl u uw bakvaardigheden blijft verbeteren, kan "HET ULTIEME BRIOCHE HANDBOEK" uw favoriete bron zijn voor heerlijke variaties, innovatieve wendingen en het tijdloze plezier van het delen van vers gebakken brioches met vrienden en familie.

Op de kunst van het brioche bakken, op de magie van perfect gelamineerd deeg en op de talloze momenten van verrukking die u te wachten staan tijdens uw culinaire reis. Moge uw keuken gevuld zijn met de zoete geur van succes terwijl u de kunst van het elke keer bakken van perfecte brioche onder de knie krijgt!

www.ingramcontent.com/pod-product-compliance
Lightning Source LLC
Chambersburg PA
CBHW071314110526
44591CB00010B/888